MACBETH

SHAKESPEARE

MacBeth

TRANSLATED INTO SCOTS BY
R. L. C. LORIMER

CANONGATE
1992

First published in Scotland by

CANONGATE PRESS PLC

14 Frederick Street · Edinburgh EH2 2HB

copyright © R. L. C. Lorimer 1992

illustrations copyright © Jonathan Gibbs 1992

ISBN 0 86241 389 3

The Publisher acknowledges subsidy
from the Scottish Arts Council towards the publication
of this volume.

British Library Cataloguing-in-Publication Data
A catalogue record for this book is available from the British Library.

Designed and typeset in Adobe Caslon by Dalrymple
Printed and bound in Great Britain at
Bookcraft (Bath) Ltd

MAN THAT IS BORN OF A WOMAN

ἤτοι ἐπιχθονίους ὅσσους ἐτέκοντο γυναῖκες
πάντες ἐφημέριοι καὶ βαρυμοχθότατοι·
ἄνθεμον ὣς ἄνθρωπος ἀνέδραμεν ἠμήθη τε,
χὡς σκιὴ ὠκυπετὴς οἴχεται, οὐδὲ μένει.

Job 14.1–2   tr. W. L. L.

PREFACE

IN this work I have endeavoured to translate Shakespeare's only Scottish play into a relatively modern Scots capable of sustaining the same levels of style, and of achieving the same dramatic effects, as his English verse and prose.

In grammar and syntax, I have chiefly, though not solely, been guided by the models which my father copiously provides in his *New Testament in Scots* (1983), but the lexis which Shakespeare's huge vocabulary has required me to adopt is somewhat archaic, and I have employed a good many words and expressions which are no longer current in contemporary urban or rural spoken Scots. Aristotle, however, says in his *Poetics* that the lexis employed in tragedy "must, *par excellence*, be clear without being mean. That which is clearest employs ordinary language, but is mean.... On the other hand, that which is solemn and rises above the commonplace employs uncommon language, by which I mean strange [*i.e.*, especially, uncouth, archaic, or foreign] words, metaphor, ... or anything else which diverges from normal usage. Now, anything wholly composed of such uncommon language is either enigmatic or barbarous – enigmatic, if the words employed are metaphorical; barbarous, if strange." Hence, in tragic lexis, these contrasted kinds of language "must somehow be blended"; for while "strange words, metaphor, ornamentation, and all other forms already mentioned will make it neither commonplace nor mean, ordinary language will give it clarity." Whether I have succeeded in striking the right balance between common and uncommon my readers may judge for themselves. I hope that, in its dramatic context, the language which I have employed will not strike most of them as less

7

appropriate, or more difficult to understand, than Shakespeare's own; and all those who cannot easily elucidate my Scots by reference to his English may confidently be recommended to consult the *Scottish National Dictionary* (10 vols, completed 1976), the *Concise Scots Dictionary* (1985), or, in most cases, the *Pocket Scots Dictionary* (1988).

In expressing my gratitude for the help, advice, and encouragement which my wife and some other people have given me, I wish particularly to thank my friend Emeritus Professor David Daiches for having indefatigably made so many detailed, acute, and illuminating comments on my first draft, and also to make all due acknowledgment of the debt which I owe to the "onlie begetter" of the idea that *Macbeth* should be translated into Scots.

R. L. C. L.

CONTENTS

MACBETH:

DUNCAN
King o Scots

MALCOLM CANMORE
Duncan's auld son

DONAL BAN
Duncan's ither son

MACBETH
Thane o Glammis, syne o Cawdor, syne King o Scots

BANQUHO
Thane o Lochaber

MACDUFF
Thane o Fife

LENNOX, ROSS, MENTEITH, ANGUS, & CAITHNESS
ither Thanes o Scotland

FLEANCE
Banquho's son

SIWARD
Yerl o Northummerland

YUNG SIWARD
Auld Siward's son

SETOUN
MacBeth's Gille Mór

CHARACTERS

MACDUFF'S SON

A WOUNDIT CAPTAIN

TWA DOCTORS
the tane English, the tither Scottish

A JANITOR

AN AULD CARLE

THREE MURTHERERS

—

GRUOCH
MacBeth's Wife

MACDUFF'S WIFE

GRUOCH'S LADIES

—

THE THREE WEIRDS

[THE QUEEN O ELFHAME
THREE KIMMERS]

APPARITIONS O AN AIRMED HEID, A BLUIDIE BAIRN,
A BAIRN CROUNED, SEIVEN KINGS, AN A QUEEN

LORDS, LADIES, SODGERS, PIPERS, DRUMMER,
& SERVITORS

TEXTUAL NOTE

Except as detailed in the footnotes,
this translation is based on the modernised version
of the Folio text printed in Shakespeare, *Macbeth*,
ed. G. K. Hunt, Harmondsworth (Penguin) 1957:
but I have also consulted *Macbeth*, ed. K. Muir, Arden
Shakespeare, London (Routledge) 1984, rpr. 1989.
I do not believe that Shakespeare composed
the Hecate passages (III.5, IV.I. 39–43, 124–31),
and have accordingly relegated
them to Appendix I.- Tr.

I.1

Thunner an lichtning:
Ben comes the Three Weirds.

WEIRD I   Whan will hiz three meet agèn?
              In binnerin flauchts o fire or renn?

WEIRD II   Whan the tuilyie-muilyie's dune,
              an the bargain's tint or wun.

WEIRD III   That sall tide gin darkening.

WEIRD II   Whaur convene ye our meeting?

WEIRD I   Tryst wi me on Hardmuir, neth
              our wee hillock.

WEIRD III   Tae hailse MacBeth!

WEIRD I   Horse an hattock, horse an ride!

WEIRD II   Comin, Bawtie!

WEIRD III   Puddock cries, belyve, belyve!

Aa three Weirds [*skailin*]
              Fair be foul, an foul be fair,
              flicher i the smoch an smitten air!
                         [*But gae they aa.*

13

I.2

Warning:
Ben comes Duncan, King o Scots, wi Malcolm, Donal Bàn, Lennox,
& their Menyie, meetin in wi a woundit Captain.

KING DUNCAN What bluidie sodger's yon? He'll can delíver,
  his unstainched wounds lat see, our greenest tythance
  anent the rebellion.
MALCOLM This is the captain
  at like a leal an hardie sodger faucht
  tae help me no tae be taen prísoner.
  Hailse ye, wicht fríend! Juist tell the King
  what you saw o the brulyie wi your ain
  twa een in passin frae'd.
CAPTAIN Sweyin, it stude,
  lik twa forfauchelt swimmers at, in cleikin
  ither, cummers their skíll. Yon fell MacDonald –
  man, but it sets him weill tae be a rebel,
  at's hotchin else wi ilka hatterin vilnie
  Naitur's e'er cleckit! – frae the Wastren Isles
  wi caitrans an *gall-oglachs* he's recrued,
  an Fortune, blinkin on his weirdless cause,
  kythes lik a rebel's hure: but fecklesslie,
  for braw MacBeth – atweill he's wurth the style! –
  dispreisin Fortune, an his brandist airn
  reekin wi thair blude at he juistifíed,
  lik Wirth's ain hainchman, he cairved out his road
  until he luked the sclave braid i the face,
  at ne'er shuik haunds wi him, nor bad-him-na
  fare weill, or he rave him frae wyme tae chafts
  an on wir bartisan set up his heid.
KING DUNCAN Lee's me on ye, braw kizzen! Wurthie Glams!

14

CAPTAIN Juist as frae whaur the sun stairts back agèn
　　　ship-wrackin storms o whummlin thunner whuds,
　　　sae frae the wall at seemed lippin wi easedom
　　　wanease cam popplin up – for, King o Scots,
　　　mark this: nae suiner Wirth wi Juistice thirled
　　　had gart thir spangin teuchtars shaw their heels,
　　　whan him cried King o Norrowa gripped his chance,
　　　wi wappons dicht an new-supplied wi men,
　　　tae mak a fresh on-ding.
KING DUNCAN Abaistna yon
　　　our generals, MacBeth an Banquho?
CAPTAIN Aye –
　　　as sparras aigles, or as maukins lions!
　　　Nae líe I'm tellin ye, gin I report
　　　at, lik Monce Meg surchairged an double-shott,
　　　they twa
　　　twice doubelt ilka straik they swappit out:
　　　mint they tae be baptísed in reamin blude
　　　or sanctifíe anither Golgotha,
　　　I canna say.
　　　I'm founerin. Thir gaws o mines needs helped.
KING DUNCAN Nae waur your wurds decore ye nor your wounds:
　　　mense mean they baith. Gae, fin' him surrigians.
　　　　　　　[But gae twa Sodgers wi the Captain cairriein.
　　　Wha's this comin?
Ben comes Ross, wi Angus.]
MALCOLM The nobil Thane o Ross.
LENNOX What bensel lukes out-throu his een!
　　　Sae he suid luke at wad speak unco things.
ROSS Guid sauf the King!
KING DUNCAN Whaur frae cam you, guid Thane?
ROSS Fife, michtie King,
　　　whaur the Norwayan banners lichtlies Heiven

an waffs our Scotch fowk cauld.
The King o Norrowa, wi fearsome fouth o men,
back-fríendit bi yon maist recryand traitor,
the Thane o Cawdor, began a dour debate,
until, in proven airmour dicht, MacBeth confruntit him
wi mirrort ímages o his nain self,
point for unrulefu point, wappon for wappon,
branxin his furthie spírit – and, in smaa,
we wan victour.

KING DUNCAN What blissit easement's this!

ROSS Nou, tharfor, Sween, cried King o Norrowa,
socht composítion: nor wadna we
dainyie him leave for buiriein his deid,
or on Sant Colum's Inch he peyed us doun
ten thousand dollars for wir common buit.

KING DUNCAN Nae mair will yon proud Thane o Cawdor gunk
our hairt's luve: gae, denounce aff-luif his daith,
an wi his umwhil títle hailse MacBeth.

ROSS I'll see'd be dune.

KING DUNCAN What he's forfaut, nobil MacBeth hes wun.

                               [*But gae they aa.*

16

I.3

Thunner: Ben comes the Three Weirds.

WEIRD I	Whaur hes thou been, sister?
WEIRD II	Slauchterin swine.
WEIRD III	Sister, whaur thou?
	A fisher's wife wis haein a meffin
	wi chastnuts on her lap,
	an ey she gumshed, an better gumshed:
	'Gíe me', qo I.
	'Ga'wà hame, witch, an claw your dowp!'
	the round-fed besom skirled.
	Her guidman's hyne til Iceland gane,
	at's mannie o the *Solan:*
	but in a riddle thairtill I'll sail
	an lik a ratton at wants a tail
	I'll du, an I'll du, an I'll du.
WEIRD II	I'll gíe y'a wind.
WEIRD I	Ye'r kind.
WEIRD III	An I anither.
WEIRD I	Ense hae I gotten aa sic ither.
	E'en the ports an havens blaws
	aa the airts at ilkane knaws.
	Dry I'll dríp him's onie strae,
	sleep will naither nicht nor day
	doun his willie-winkies draw,
	life he'll thole outwith the law,
	wearie sennichts nine times nine
	will he dow an shirp an dwine:
	tho his ship can ne'er be lossed,
	't will frithàt be storm-tossed. –
	Guess what.

WEIRD II Lat see, lat see!

WEIRD III Shaw me, shaw me!

WEIRD I Here we've gotten a lodesman's thumb,
ship-brokkin wis or his hamecome.

WEIRD III A drum! A drum! MacBeth's come!

Aa three WEIRDS
Weird Sisters, haund for haund,
traivelers o sea an laund,
dance the Reel o Gillatrypes!
Thrice til ye,
thrice til me,
an thrice mair
maks thrice three.

WEIRD I Wheesht ye, nou, the cantrip's cuist!

Ben comes MacBeth an Banquho.]

MACBETH Sae foul an fair a day I ne'er hae seen.

BANQUHO Hou faur's it caa'd tae Forres? – But wha's thir,
sae wallied an sae wildlik pitten-on?
Nae residenters seem they o Middle Earth,
yit gangs on't. Ar ye live? Or oniething
man may interrogate? It seems ye read me,
at ilkane swith her hackit finger lays
ticht on her scruntit lips. Ye micht be weimen,
war no your bairds sortsna wi my suspícion
at sic ye ar.

MACBETH Speak, an ye can! What ar ye?

WEIRD I Weill come, MacBeth!
Fair faa ye, Thane o Glamis!

WEIRD II Weill come, MacBeth!
Fair faa ye, Thane o Cawdor!

WEIRD III Weill come, MacBeth,
at sall sometime be King!

BANQUHO What is't, sir, gars ye staírt an seem afeart

at sic braw-soundin things? – In truith's ain name,
ar ye but draimed, no seen? Or ar ye fack
what outwartlie ye kythe? My nobil fríend
ye've hailsed wi praisent weill, an spaewifes' hechts
o nobler weill tae come, an royal howps,
at he seems glamourt wi. Til me ye speakna.
Gin ye can spy intil the seeds o time
whilk pickles o them aa will breird, whilk no,
speak, speak tae me, at naither seeks o you,
nor fears, guid will nor ill.

WEIRD I Weill come!

WEIRD II Weill come!

WEIRD III Weill come!

WEIRD I No sae gryte's MacBeth, but gryter!

WEIRD II Less luckie, yit luckier!

WEIRD III Your son's sons sall be kings,
but no your son's faither.

Aa three WEIRDS Weill come, baith, MacBeth an Banquho!

MACBETH Bide, tell me mair, ye faur frae furthie speakers!
Throu birthricht, weill-a-wat, I'm Thane o Glams.
What wey o Cawdor, tho? Cawdor's yet lívin,
a cosh an thrivin laird. An tae be King
comes naething like sae near in sicht o credence
as tae be Cawdor. Tell me, you, whaur frae
fesht ye thae unco wittings? Or what for
stent ye wir passage throu this scowthert muir
wi saicont-sichtit hailsing? Speak, I chairge ye.

[*Aa three Weirds eelies awà.*

BANQUHO Earth hes its bubbles, juist as watter hes;
an sic war thir. Whaurtil saunt they awà?

MACBETH Intae the air; an what seemed bodilike
sparpl't lik braith in wind. Gin they'd but steyed!

BANQUHO Wis onie sic things here as we nou speak o?

19

Or hae we etten the ruit o madderam,
  at taks men's raison prísoner?
MACBETH Your son's sons sall be kings, man.
BANQUHO Ye s' be King.[1]
MACBETH Aye, Thane o Cawdor, tae – gaedna it sae?
BANQUHO Their lilt hed ey yon owrecome. – Wha comes here?
Ben comes Ross, wi Angus, as heraulds.]
ROSS The King's been richt weill pleised, MacBeth, tae hear
  bodewurd o your guid speed; an whan he reads
  what ettle ye made out against MacDonald,
  his wunner an his praise casts out wi ither
  whilk suid be yours, whilk his. Dumfounert wi'd,
  in rinnin throu the lave o that same day,
  he fin's ye sconced in Norrowa's dour ranks,
  nae styme afeart o what ye wrocht at your ain haund –
  fremd likenesses o daith! Thickfauld as hailstanes,
  post follas post, no ane o them but sings
  praises o your defence o Duncan's kingdom
  an pours them out afore him.
ANGUS We've been sent
  tae cun ye, first, our royal maister's thenks,
  syne anerlie, as pursuivants, tae bring ye
  tae meet him, no tae rewaird ye.
ROSS But, mairatowre, in arles o heicher gree

---

1 That these two speeches are both spoken in jest is shown by
  Holinshed (quoted in Muir, p. 171), with which cp. his
  source Bellenden's translation of Boece's *Croniklis of
  Scotland*, 12.3: "This prophecy and divinatioun wes haldin
  mony dayis in derisioun to Makbeth and Banquho. For sum
  time, Banquho wald call Makbeth, King of Scottis, for de-
  risioun; and he, on the samin maner, wald call Banquho, the
  father of mony kingis." – Tr.

he bad me him-frae style ye Thane o Cawdor:
sae, in yon eik, fair faa ye, nobil Thane,
for yours it is.
BANQUHO What, can the Fíend speak suith, na?
MACBETH But Cawdor's ey on life. Why clead ye me
in borra'd braws?
ANGUS Him w i s Cawdor's ey lívin –
but unner dume decerned tae díe the daith
he's wirked for. Whuther he wi Norrowa
wis leagued, or privilie supplied MacDonald
wi men an mait, or pack wi baith o them
laubourt his kintra's skaith, I canna say:
but traisons maist enorm, avoued, an proven
hes owerhailt him.
MACBETH [*aside*] Glams, an Thane o Cawdor:
the grytest liggs ahint!
[*Til Ross & Angus*] Thanks for your truible.
    [*Til Banquho*] Howpna-ye, tho, your son's sons sall be kings,
whan thame-yins I got Thane o Cawdor frae
hecht them nae less?
BANQUHO Man, traistit hame, yon thocht
micht yet, I dout, inflamm ye til the Croun,
forby Thane o Cawdor! But still, it's queer;
an no seenil, tae wile us til wir hairm,
the servitors o darkness tells us truiths
at, aince they hae wi ill-less triffles wun us,
betrumps us utterlie.
[*Til Ross & Angus*] Kizzens, a wurd.   [*They walk apairt.*
MACBETH Twa truiths hes here been tauld
as timeous prologues til the bigg'nin act
o this imperial maitter. – Thank ye, sirs,
thank ye. – This ither-warldlie solistâtion
canna be ill, canna be guid. Gif ill,

21

why hes it gíen me arles o my guid speed
at's hanselt wi a truith? I a m Thane o Cawdor.
Gif guid, why gíe I scowth til yon temptísement
the grislie semblance o reishles my hair
an gars my sitfast hairt dinnle my ribs
by what my naitur's wunt wi? Praisent fears
bouksna sae big's birse-raisin fantaisies;
an tho the maitter's ey but fantaisie
at's gaithrin in my mind, it whummles sae
my sillie mortal self at Thocht smuirs Deed,
an naething's oniething at is.

BANQUHO See hou uptaen our pairtner is wi's thochts!

MACBETH [aside] Gin Chance wills me be King,
                                   Chance may weill croun me
but mint or mak o mines.

BANQUHO Fresh honours happed
about him lik new claes sairs-him-na weill
till shaped wi bein wurn.

MACBETH [aside] Tide what tide may,
Time an Fortune scríeves throu the coorsest day.

BANQUHO Nobil MacBeth, your leisur we onwait.

MACBETH I crave forgíeness! My dowf harns wis pingl't
wi things forgotten. My kind sirs, the pains
ye've taen upò yoursels ar registrate
whaur dailiday I'll studdie them. Lat's rezhume
wir mairch towart the King.

[Til Banquho] Think on what's chanced: syne, at mair leisur, whan
we've baith had time tae wey'd, lat's freelie speak
our hairtlie thochts til ither.

BANQUHO Wi richt guid will!

MACBETH Meantime, eneuch. – Come, fríends!
                                   [But gae they aa.

22

I.4

Salute: Ben comes King Duncan,
wi Lennox, Malcolm, Donal Bàn, & Servitors.

KING DUNCAN Hes dume dulie been execute on Cawdor?
    Or ar the Commissioners no returned?
MALCOLM No yet, your híeness. But I've juist been speakin
    wi ane at saw him díe; an he tellt me
    at franklie he confessed his traisons, craved
    your grace's free forgíeness, and furth shawed
    hairt-sair repentance. Naething e'er set him
    sae weill in aa his life as hou he left it:
    he díed lik ane at had been weill rehearsed
    in h i s daith tae cast aff wi's dearest aucht
    as gin 't war but a triffle.
KING DUNCAN Ther' nae skíll
    can read the mind bi studdiein the face.
    He wis a gentleman I lippent on
    but dreid or dout.
Ben comes MacBeth, wi Banquho, Ross, & Angus.]
    Weill come, maist wurthie kizzen!
    The guilt o my ain mank o graititude
    weys hivvie on me. You'r sae faur afore
    at Peyback's swiftest wing's no swift eneuch
    tae catch ye up. Gin ye'd deservit less,
    at I micht mak ye richt apportionment
    o thanks an peyment! I'm left but tae say,
    'I'm due ye mair nor Mairnoraa can pey.'
MACBETH The duties an the lealtie I aw ye,
    tae du them peys itsel. Your híeness aws
    but tae accep the services we rander
    your croun, estate, childer, an councillors,

23

at dis but what they suid in duin aathing
tae sauf your luve an honour.

KING DUNCAN Weill come here!
I've taen on haund tae plant ye whaur I'll laubour
the bonnie grund tae mak ye full o growth. –
But, nobil Banquho, ye've deserved nae less,
nor maun nae less be named. Come, lat me hauss ye
an grip ye til my hairt!

BANQUHO Gin thair I grow,
the hairst will be your ain.

KING DUNCAN My growthie joys,
rampin afouth, ettles tae dern themsels
in sechs an sabs. – Sons, native blude-friends, Thanes,
ye, tae, at brouks the places naurest theirs:
knaw weill at we hae sattelt our estate
on Malcolm, our auld son. He will hyne-frae
be kent the Prince o Cummerland – whilk honour
maun, no itlane, belang him anerlie:
but bricht ensínyies o noblèss lik starns
will shíne on ilka man o ye at's wirked for't.
Hyne, nou, til Innerness, an thirl me ey
the closer til ye!

MACBETH The by-time's trauchle at's no yuised for you:
mak me your fore-rinner, till I delyte
my Gruoch's ears wi news o your sune coming –
my leave I beg o ye.

KING DUNCAN My honest Cawdor!

MACBETH [aside] Kent Prince o Cummerland! Aye, yon's a stane
maun be owrelowpt or stammer me, it liggs
athort my peth. Starns, smuir your skinklin fires,
lat licht no finnd my dark an dern desires:
Ee, seena Haund's adu: yit lat sic be,
as Ee's afeart, aince't hes been dune, tae see. [But gaes he.

KING DUNCAN …Trowth, Banquho, full sae dochtie; an tae me
it's mait an drink til hear his merits ruised –
aye, mair, a banqet! But lat's folla him
at shawed himsel sae fain o rinnin on
tae graith wir walcome. Aye, a maikless fríend!
[*Mairch. But gae they aa.*

I.5

Ben comes Gruoch, MacBeth's Wife, her lane, wi a letter.

GRUOCH [*readin*] They rencountered me the day we cam
speed; and bi maist traist instruction I lairn that they
have intil them mair nor mundane knawledge. Whan
with lowing desire I socht further tae speir them, than
made they themsels air, in whilk they vainished; and
while yet I stude ferliein at it, wha suid come but
messages fra the King, hailsing me Thane of Cawdor;
with whilk style the Weird Sisters had of before saluist
me, and referred me til time on-coming with, 'Weill
come, King that sall be!'

With all whilks I have thocht weill til acquant thee,
my maist luvit pairt-takker in gryteness, sae as thow
micht nocht forfault thy skair o rejoicing throu
unkenning the gryteness hecht thee. – Lay thir things
in-by thy hairt, an sae fare weill.

Glammis ye'r ense, an Cawdor, an will be
what ye've been hecht. Yit I misdout your naitur,
o man-kin's mither-milk it's fulled owre fou

tae cleik the shortest road. Ye'r keen o gryteness –
no scant o ambítion, but scant o th'illness
o will tae gae wi'd. Ettlin tae mak out
híelie, but haililie, ye'd ey play fair,
an yit unfairlie win. Ye'd hae, gryte Glams,
what cries, 'Thusgate ye maun du', gin ye'd hae'd,
an what, I dout, ye'r feart raither tae du,
nor wiss suid no be dune. Heast, heast ye back, man,
sae's I may pour my spírits in your lug,
an wi the smeddum o my tungraik screinge
aathing at hains ye frae the gowden gird
the Weirds, wi mair nor naitural assistance,
seems tae hae crouned ye wi.

Ben comes a Messenger.] What tythance bring ye?

MESSENGER The King comes here the nicht.

GRUOCH Ye maun be gyte, man!
Isna the maister wi him? Gin 't war sae,
wadna he no hae sent me wurd bitimes
tae readie his reception?

MESSENGER Sae may'd pleise ye,
it's true: our Thane he's comin, an will shune
be here. Ane o my marras had fore-rin him,
but, nearhaund deid for want o wind, hed scaírce
eneuch tae mak his message.

GRUOCH Tent him weill:
braw news he's brocht!   [*But gaes the Messenger*
The vera corbie's rauk
at crowps the weirdit coming-in o Duncan
aneth my barmekin. C'awà, ye spírits
at waits on mortal thochts, reive me my sex;
full my haill bouk frae heels tae heid pang-fou
o fellon crueltie; thicken my blude;
stap aff ingate an througate tae remord,
sae's nane o naitur's auntrin conscience-stangs

can slack my ettle, nor mak trews twixt it
an its effeck. Come, fin' my wumman's breists,
an tak my milk for gaw, ye ill-deed-duers,
whauriver in your unseen essences
ye fettle naitur's deiviltrie. Come, nicht,
shroud ye yoursel in Hell's maist keir-black reek,
latna my gleg knife see the wound it maks,
nor lift keek throu the plaiding o the mirk
an skreich, 'Haud sae!'

Ben comes MacBeth.] Gryte Glammis! Nobil Cawdor!
Gryter an baith, bi hailsing yit tae be!
Readin thy letters hes cairrit me furth
o this unkennin praisent, an i th'instant
I fin' the time tae come.

MACBETH My dearest hairt,
Duncan comes here the nicht.

GRUOCH An whan gaes hyne?

MACBETH The morn's mornin, sae he's amind.

GRUOCH Than niver
will sun yon mornin see.
Your face, gryte Thane – it's lik a beuk men may
read fremmit maitters in! Begunk the time
wi hits nain luke: kythe walcome in your een,
haunds, tung: luke like the sakeless flouer, but be
the edder lirks anunner't. Him at's comin
maun be providit for; sae ye'll pit me
in chairge o this ae nicht's gryte enterprise,
at will throu aa wir nichts an days tae come
gíe hiz sole sovran owrance an maistrie.

MACBETH We'll speak further o'd.

GRUOCH Haud up your face wi clear een:
in shiftin o them, fear's seen.
The lave ye may beteach til me. [*But gae they baith.*

27

I.6

Salute:
Ben comes King Duncan, Malcolm, Doṅal Bàn, Banquho, Lennox,
MacDuff, Ross, Angus, & Servitors.

KING DUNCAN Richt pleisandlie this houss is stad: sae lythelie
　　an sweetlie the lown air presents itsel
　　for our delyte.
BANQUHO This simmer vísitor,
　　the kirk-frequentin mairtin, warrands us,
　　sae fain he seems o biggin here his manse,
　　at here maist fainlie heiven breathes: nae cunyie,
　　butterage, by-neuk, ledge, but up-in-unner it
　　thir birds hes made the hingin beds they craidle
　　their gorblings in. Whaur maist they cleck an howff,
　　I hae remarked, the air's maist diligat.
KING DUNCAN Wir mensefu hostess!
Ben comes Gruoch.] For as gryte's the trauchle
　　the kindness we'r ey folla'd wi whiles costs us,
　　we thank't as kindness. Whaur-wi I rede ye
　　hougate tae pray 'Defend us' for your fash,
　　an thank us for your trauchle.
GRUOCH Aa wir service
　　in ilk partícular twice doublie dune
　　wad be onlie a scrimp an single haundling
　　tae kemp wi aa the honours side an wide
　　your grace frauchts our houss wi. For thame ense gíen,
　　an thame forby they've juist been eikit up wi,
　　we'r awin ye wir prayers.
KING DUNCAN Whaur's the Thane
　　o Cawdor? We ran him close at heel, ettlin
　　tae be his forrayor: but he rides weill,

an his affeƈtion, keen's his spur, hes pricked him
hame-owre afore us. Fair an nobil hostess,
we ar this nicht your gaist.

GRUOCH Your servants ey
hauds theirs, themsels, an aa at's aucht them, redd
for audit, at your híeness' will an pleisur,
tae rander ye your ain.

KING DUNCAN Rax me your luif,
convoy me tae my host. We like him weill,
an will contínyie the fauvour we've shawn him.
May I, kind hostess?   [*But gae they aa.*

I. 7

Ƈhanters & torches:
Ben comes a Server an a wheen ither Servitors,
passin atowre the stage, wi ashets, trunchers, tassies, etc.
Syne ben comes MacBeth.

MACBETH Gif, bein dune, 't wis dune, 't wad best be dune
swippertlie. Gif the aƈt o murthering
cuid fankle up the eftercome an win
in ending its ain end – gif ae straik micht
baith be, an end, the haill adu – than here,
aye, here, upò this †bink an stuil o time,

---

† *For* bank and schoole *(F.), read* bank and stoole *cj. (cp. G.*
Douglas, Eneados, *"Direƈtioun", 41f.,* Thank me tharfor,
masteris of grammar sculys, / Quhar ye sit techand on your
benkis and stulys)*: ithergates, read* bank and shoal *(Theobald*
cj., edd.), an translate here on thir banks an shiftin shaulds o
time. – Tr.

we'd wadd the warld tae come. But in thir cases
we ey bide juidgement here, saebein's we gíe
but bluidie teaching at, aince lairnt, returns
tae pey its authors hame. This giff-gaff juistice
offers the posset in wir pusiont caup
til our ain lips. Twice owre he's here in traist:
first, I'm his kinsman an, forby, his líege –
baith stark contrair the deed; neist, he's my gaist,
against his murth'rer I suid bar the door,
no beir the knife mysel. Mairowre, this Duncan
hes sae doucelie an cannilie exerced
his pouers, an hes been in his gryte office
sae wyteless, at his merits will lik aingels
plea chanter-tung'd against the mortal sin
o his assassinâtion: Pítie, like
a scuddie, newborn bairn striddlin the storm,
or cherubs ridin heiven's unseen coursers,
will blaw the deed in ilka seein ee,
an droun the wind wi tears. Nae spur hae I
tae jag my ettle's sides, but anerlie
vowtin ambítion, at owrelowps itsel
an cowps on tither side.

Ben comes Gruoch.] Aye, but what news?

GRUOCH He'll sune hae supped. What gart ye leave the buird?

MACBETH Hes he speirt for me?

GRUOCH Ye ken fine he hes!

MACBETH We'll no progrèss nae further wi this ploy.
A while back he's honoured me: I've bocht
frae aa kinkind o fowk gowden opínions
at I wad raither weir in their first lustre
nor cast sae sune aside.

GRUOCH Wis the howp fou
ye happed yoursel wi? Hes it dovert syne?

Waukens it nou tae goave sae peelie-wallie
on what wis dune sae freelie? Frae hyne furth
I'll rackon sic your luve. Ar ye afeart
tae be the same in your ain deed an wirth
as in desire? Or wad ye chuse tae brouk
th'opínion ye esteem life's ornament
an líve a couart in your ain esteem,
lattin 'I daurna' contravail 'I sall',
lik Baudrons, whan she's yaupin tae eat fish,
but sweir tae wat her luif?

MACBETH Wheesht, wuman, wheesht!
I daur du aathing it sets a man tae du:
he's nane at daur du mair.

GRUOCH Than whatna brute
gart ye acquant me o this enterpríse?
Whan ye durst du'd, ye ware a man: be mair
nor ye war than, an syne sae muckle mair
ye'll be the man. Whan naither time nor place
compluthert, ye wad mak them baith: but nou
they've made themsels, an their compluthering
unmaks ye! I've gíen souk, an weill I mind
hou tender 't wis tae nurse the bairn at souked me:

31

yit wad I, while 't wis blinkin in my face,
hae hint my pap out o its tuithless gum
an dungen out its harns, gin I hed sworn
as you hae sworn!

MACBETH An gin we fail?

GRUOCH We fail.

But rack your saul up til its híechest stent,
an we'll no fail. Whan Duncan's aince faan owre –
whaurtill the suner will his lang day's traivling
sweetlie balou him – his twa chaumer-chíels
wi drinking an deray I'll sae conquèss
at memorie, the keeper o their harns,
will be asteamin, an whaur their raison howffs
an emptie veshel. Whan, lik sleepin sous,
their droukit naitur liggs as gin 't wis deid,
than what will we twa no can du til Duncan,
an him thus left ungairdit, what no w̄yte
his saun'-bed grumes wi, at will beir the guilt
o our grand kill?

MACBETH Fesh onlie man-bairns hame,
for your undauntit spírit suid consave
nane ither! Will it no be credited,
whan we've keelmarked wi blude thae dozent twa
o his ain chaumer, yuisin their ain bítyachs,
at they hae dune't?

GRUOCH Wha'll daur discredit it,
sae loud's we'll mak our gríef an outrage rair
anent his daith?

MACBETH Nou I'm determit, aa
my strenth I'll bend tae du this fearsome deed.
Awà, begowk the time wi fairest shaws:
fauss face maun dern the saicret fauss hairt knaws.

[But gae they baith.

32

II.1

Ben comes Banquho & Fleance, wi a torch cairriein.

BANQUHO Hou gaes the time, Fleance?

FLEANCE The mune's gane doun;
   the clock I hardna chap.

BANQUHO It maun be midnicht.

FLEANCE Or later, sir, I trew.

BANQUHO Here, tak my swuird.
   They'r haudin in about, it seems, in heiven:
   their cannles is aa smuirt. Tak this an aa.
       [*Banquho gies Fleance a diamant.*]
   A hivvie edick liggs on me lik leid,
   but I've nae mind tae sleep. Mercifu pouers,
   repreme in me the ill-gíen thochts at Naitur
   gies ingate whan we rest! – Rax me my swuird!
   Wha's that, na?

MACBETH [*out-by*] Fríend.

BANQUHO What fríend?

MACBETH MacBeth.

Ben comes MacBeth & a Servant, wi a licht torch cairriein.]

BANQUHO What, sir,
   ey out-about? The King's awà tae's bed.
   He'd huid by-ornar pleisance, an sent furth
   a sowd o lairgis til your servants' ludgings,
   gíed me this diamant
       [*Takkin it back frae Fleance, he gíes it til MacBeth.*]
   he thanks your wife wi
   as his maist luvin hostess, an retired
   wi límitless contentment.

33

MACBETH Unforewarned,
          our will, at free wad else hae wrocht, becam
          manservant til Defeck.
BANQUHO Fash-ye-na, sir,
          aa's weill. – I draimt yestreen o the Weird Sisters.
          Til you they shawed some truith.
MACBETH On thame I thinkna:
          yit, whan we'll can beseek an auntrin hour,
          we'd crave a wurd wi ye anent that maitter,
          gif you'd witsauf the time.
BANQUHO At your best leisur.
MACBETH Gin ye'll obtemper my advíce, whan gíen,
          't will honour win ye.
BANQUHO Saebein's I tyne nane
          in ettlin til increase it, but ey keep
          my conscience clear an my allegiance haill,
          I'll be advised.
MACBETH Sleep weill, in this mean time.
BANQUHO I thank ye, sir; sleep weill yoursel.
                              [*But gaes Banquho, wi Fleance.*
MACBETH Gae, bid the mistress, whan my drink's been dicht,
          tae ring the bell. Awà syne til your bed.
                              [*But gaes the Servant.*
          What's this I see afore my een – a bítyach,
          heftit towart my haund? Come, lat me cleik ye –
          I grip ye no, but ey can see ye yet!
          Ar ye, weird vísion, oniething at may
          as weill be titcht as seen? Or ar ye but
          a bítyach o the mind, a fenyit craitur
          ingenrit o the heat-afflickit harns?
          I see ye yet, in seem as eithlie gript
          as this ane I draw nou. Ye marischal me
          intil the boutgate I wis gangin ense,

34

an seem juist sicna lume's I wis tae yuise. –
Aither my sicht's been made the gowk o aa
fowr ither senses,
or else wurth aa the lave. – I see ye yet,
an on your blad an heft splatches o blude,
as wisna there afore. – Nae sic a thing:
it's juist this bluidie enterprise taks shape
in my mind's ee. Nou owre the warld's tae hauf
Naitur kythes deid, an eivil draims mischíeves
box-beddit slummer. Witchcraft maks offerands
til the fauch Elfin Queen; an shirpit Murther,
forewarned bi his discurrior, the wowff,
at's yowl's his watchwurd, thus wi thíeftie pass,
wi Tarquin's ravenish staps, t'wart his desing
stalks lik a ghaist. Thou stíeve an siccar Earth,
hearna thir wurds, whilk wey they gang, for fear
thy vera stanes clype on my whaurabouts
an frae the horror o this maument flype
its proper sílence. – Whiles I shore, he líves:
wurds til the heat o deeds but cauld braith gíves.
            [*A haundbell rings.*]
I gae, it's dune: this skellat rings me in.
Hear-it-na, Duncan, it's a murnin-bell
tae summond you til Heiven or til Hell.
                              [*But gaes MacBeth.*

35

II.2

Ben comes Gruoch.

GRUOCH [*drinkin*] What's made them steamin fou
hes made me bauld:
what's slockent them hes kennelt me. Wheesht! ... Na,
't wis but the houlat skraiched, the Weirds' ain bellman
at bids the dour'st guid-nicht. – He's at it nou:
the doors is apen, an the stankit grumes
wi snoring mocks their traist. Sae hae I drogued
their bowster-caups at Daith wi Naitur warsles
whuther they'll líve or díe.
MACBETH [*ben*] Wha's yon avà?
GRUOCH Alackanie! I'm feart they maun hae waukent,
an hit's no dune. The seying, no the duing,
whummles us. Hark!... – I set their bítyachs readie;
he cuidna missed them! Had he no luked like
my faither as he slept, I'd dune't –
Ben comes MacBeth, cairriein twa blude-splatched bítyachs.]
My man!
MACBETH I've dune the deed. Hardna ye nae soun'?
GRUOCH Onlie
the nicht-oul hooin an the crickets chirkin.
Spak ye no?
MACBETH Whan?
GRUOCH The nou.
MACBETH In comin doun?
GRUOCH Aye.
MACBETH Wheesht!...
Wha liggs i th'ither chaumer?
GRUOCH Donal Bàn.
MACBETH [*lukin on his bluidie haunds.*] This is a sairie sicht.

GRUOCH A fuil-lik speak,
      tae say 'A sairie sicht'.
MACBETH The' wis ane o them
      laucht in his sleep, the tither skelloched 'Murther',
      until they waukent ither. I stude there harkin.
      They said their prayers, syne they boun themsels
      aince mair tae sleep.
GRUOCH Ther' twa, baith ludged thegither.
MACBETH 'Guid bliss us!' cried the tane, as gin he'd seen
      thir lockman's haunds o mines, 'Amen' the tither.
      Harkin their fear, I cuidna say 'Amen',
      whan that-ane said, 'Guid bliss us'.
GRUOCH Think-ye-na on'd sae inkirlie.
MACBETH But what wey cuid I no mouband 'Amen'?
      Maist need had I o blissing, but 'Amen'
      ludged i my craig.
GRUOCH Thir deeds maunna be thocht on
      that gate, or else we'll baith be driven gyte.
MACBETH I hard a voice, like, cryin, 'Sleep nae mair!
      MacBeth's murtherin sleep' – sweet, seilfu sleep,
      sleep at hanks up the fankelt hesp o thocht,
      daith o ilk lívin day, sair trauchle's bath,
      baum o skaitht minds, gryte Naitur's saicont course,
      chief fotherer in life's fest.
GRUOCH What can ye mean?
MACBETH Ey 'Sleep nae mair', it cried, out-throu the houss:
      'Glammis hes murthered sleep, an tharfor Cawdor
      sall sleep nae mair, MacBeth sall sleep nae mair.'
GRUOCH Wha wis't at cried lik yon? Na, wurthie Thane,
      wi thinkin sic delírit thochts ye'll but
      unbend your athil strenth. Gae, fin' some watter
      til clean your haunds o aa this clartie witness.
      What for fesht ye thir bítyachs frae the spat?

37

They maun ligg thair. Gae, shift them ben, an slaister
the sleepin grumes wi blude.

MACBETH I'm no gaun back!
It fleys me but tae think what I hae dune:
luke on'd agèn I daurna!

GRUOCH Unstíeve o will,
gíe me the bítyachs! The sleepin an the deid's
but limnit piċturs, like; it's bairnheid's ee
grues at a pentit deivil. Bluids he yet,
I'll fair owregilt the faces o the grumes wi'd,
for guiltie they maun kythe.

[*But gaes Gruoch.*

Knocking, ben.]

MACBETH Whaur-frae's yon knocking?
What's wrang wi me, at ilka sound effrays me?
What haunds is here? Feech, they rug out my een!
Will aa gryte Neptune's tides can wash this blude
aff o them? Na, suner will this ae haund
the walterin vast o seas incrimpsonate,
makkin the green ae reid!

Ben comes Gruoch.]

GRUOCH My haunds hes your haunds' cullour, yit I'd think shame
tae weir a hairt as white.

[*Knock.*]

I hear a knocking
at the south port. Hyne swith intil wir chaumer!
Ae synd o watter frees us o this deed:
hou easie 't will be syne! Your lealtie
hes left ye hairtalane.

[*Knock.*]

Hark, ey mair knocking!
Get on your nicht-sark, leist occasion seek us,
and fin's us waukin. Binna wandert, man,

sae wafflike in your thochts!

MACBETH Tae ken my deed I'd best no ken mysel.

[*Knock.*]

Wauken ye Duncan wi your knock-knock-knocking!
Oh, gin ye but cuid!

[*But gae they baith.*

II.3

Ben comes the Janitor. Knocking outby.

JANITOR Here's richt knocking for ye! Him at keeps the
Yetts o Hell, ye'll no see the corns speylin on h i s
haunds for want o employment! [*Knocking.*] Knock,
knock! Wha's there, i the Foul Thief's name? Na,
here's a fairmer hanged himsel for fear o comin fouth.
No afore time, aither! Sweel clouts eneuch about ye,
man, thame here'll gar ye swyte for't! [*Knocking.*]
Knock, knock! Wha's here nou, i yon ither deil's name?
Haith [*sainin himsel*], it's an equívocâtin Jesuist, at
cuid sweir in baith scales again aither o them, an for
Guid's gryter glorie wrocht traison eneuch, but cuidna
equívocate himsel intil heiven. Come your waas ben,
Jesuist, ye'r walcome here! [*Knocking.*] Knock, knock,
knock! Wha's this avà? Fegs, a seam-bitin, louss-
prickin, English tailyor sent here for pauchlin claith
out o a French whure's wirkin claes. C'awà ben, tailyor;
here ye'll can cuke your guse. [*Knocking.*] Knock,
knock! Niver a maument's paice! Wha's here nou?
Sair's, but it's owre cauld here for the Bad Place, I'll
Deivil-Janitor it nae mair! I wis amind, tho, til hae
latten in twa-three men o skíll – doctors, like, lawwers,

mínisters, polítícians, an ither sic clamjamfrie - frae
ilkane o the professions traivlin the braid road at leads
owre the lillie-leven til the burnin fire. [*Knocking.*]
Belyve, belyve! [*He apens the yett.*]
Ben comes MacDuff & Lennox.]
  Mind o the Janitor, sirs, I prig ye.
MACDUFF Wis it sae late, man, or ye socht your bed,
  as gars ye ligg sae late the nou?
JANITOR Deed, sir, we wis birlin awà till aa hours; an the
  drink, sir, the drink's a grand provoker o three things.
MACDUFF What three in speeshal?
JANITOR Eh, sir: neb-painting, sleep, an micturítion. Nou,
  litcherie, sir, litcherie pro-vokes an re-vokes: for tho it
  pits in the passion, it taks out the pith. Sae muckle
  drink may weill be said til equívocate wi litcherie, for it
  maks him an mars him, it pits him on an pits him aff, it
  hairtens him an dis-hairtens him, it gars him staund an
  no staund; an, in smaa, it equívocates him in his sleep,
  an gíes him the líe, but leaves him lyin.
MACDUFF Yestreen, I'm thinkin, the drink-deivil gíed ye
  the lie an the líe baith.
JANITOR Aye, sir, richt doun my thrapple. But I peyed him
  back for the baith o them, sae I did; an bein, I jalouse,
  owre strang for him, tho it's true he heised my legs up
  for some time, yit I manned for aa that tae lay him on
  his back.
MACDUFF Is your maister astír?
JANITOR †Your knocking's waukent him, an here he comes.
Ben comes MacBeth.]

———

† *For* Our *(F.), read* Your *cj., an assign this haill speak til the
Janitor.*

40

LENNOX A fair guid day, my nobil sir!

MACBETH MacDuff,
    a fair guid day tae you an Lennox baith!

MACDUFF Is the King stírrin, wurthie Thane?

MACBETH No yet.

MACDUFF Yestreen he bad me wait on him bitimes.
    I've gey near missed the hour.

MACBETH I'll bring ye til him.

MACDUFF This trauchle's blythesome for ye, yit I dout
    it's trauchlesome an aa.

MACBETH Delyte taen in wir trauchle dills its pain.
    This is the door.

MACDUFF I'll e'en gae ben an caa him,
    for yon's my proper service.
                    [*But gaes MacDuff intil the King's chaumer.*

LENNOX Gaes his grace hyne the day?

MACBETH Sae he's taen order.

LENNOX The nicht's been gey unrulefu: whaur we bade,
    the chimlas wis blawn doun, an coronachs,
    men says, hard i the air, †an eerie daith-skirls,
    an malagrugous voices prophesíein
    fell flauchts o fire an throuther happenings
    new-cleckit for the times. The foul o darkness
    too-hooed the lee-lang nicht. Some says the earth
    wis fivvert, an trimmlin wi'd.

MACBETH A wild nicht, 't wis.

LENNOX I canna finnd, in my short recolleƈtions,
    a marra for't.

---

† *Ithergates (cp. Muir) punctuate and translate*: ...daith- skirls;/
   an, wi unsonsie skelloch prophesíein/ fell flauchts o fire an
   throuther happenings / new cleckit for the times, the foul o
   darkness / too-hooed the lee-lang nicht. Some says....

Ben comes MacDuff.]

MACDUFF O horror, horror, horror!
Tung na hairt can no consave nor mouth ye!
MACBETH/LENNOX What's adu?
MACDUFF Confusion's here wrocht out his maisterstick:
Murther hes saicrilígiouslie invadit
the Lord's Anointit in the Lord's ain temple
an furth o'd stawn the life.
MACBETH Said ye, the life?
LENNOX Ye mean, his majestie's?
MACDUFF Gae ben the houss, an wi anither Gorgon
massacker your ee-sicht. Bid – me – na speak:
first see, syne speak, yoursels.
[*But gaes MacBeth & Lennox baith, intil the King's chaumer.*
Rouse aa! Rouse aa!
Jow, jow the warnin-bell! Fy, murther, traison!
Wauken ye, Banquho! Malcolm an Do'l Bàn,
shak aff this dounie sleep, daith's contrafait,
an luke on Daith's ain sel! Rise, rise, an see
the Hinmaist Day's true likeness! Malcolm! Banquho!
Rise up as frae your graffs, an gang lik spírits
tae face this horror! Jow the bell!
[*Warnin-bell rings.*]

Ben comes Gruoch.]

GRUOCH Sir, what's the maitter, at sae stour a trumpet
summons the sleepers o the houss? Speak, speak!
MACDUFF My gentle ladie:
it's no for you til hear what I can speak.
Gin 't wis but rount in onie wuman's ear,
't wad murther as 't wis tauld.

Ben comes Banquho.]

O, Banquho, Banquho,
our royal líege-lord's murthered!

GRUOCH Wae wurth the day! –
  What, in our houss?
BANQUHO Fell eneuch, in onie-ane's.
  MacDuff, I prig ye, caa yoursel again
  an say it isna sae.
Ben comes MacBeth, Lennox, & Ross.]
MACBETH An I'd but díed ane hour afore this faa,
  hou blisst my life wad been! For frae this instant
  ther' nocht o human kind at's muckle wurth,
  aathing's but plaiks, grace an renoun's deid baith,
  life's wine hes ense been drawn, an this vaut's left
  onlie the draigs tae blowst o.
Ben comes Malcolm & Donal Bàn.]
MALCOLM What here's agley?
MACBETH You ar yoursel, unkennin:
  the wall, the spring, the kellheid o your blude
  is stappit, aye, its vera source is stappit.
MACDUFF The King your faither's murthered.
MALCOLM Na, wha by?
LENNOX His ain twa chaumer-chíels, it seemed, hed felled him:
  their haunds an faces wis aa badged wi blude;
  sae wis the bítyachs at we faund, undichtit,
  close by their cods; they gawped, fair by themsels;
  for nae man's life war they tae lippen til.
MACBETH Yit, O, I tak the rue o my outrage,
  at gart me slay them.
MACDUFF Whaurfor wrocht ye sae?
MACBETH Wha can be wice, donnert, cannie, an teenfu,
  leal, an impartial, aa in a gliff? Naebodie!
  The bensel o my undeemous affection
  fore-ran switherin raison. Here lay Duncan,
  his siller skin browden wi's gowden blude,
  his gullie-gaws lik slaps in Naitur's dyke

43

admittin wraikfu hership: thair the murtherers,
drouked i the cullours o their craft, their bítyachs
ill-breeked wi bluidie gour. Wha coud haud by,
at had the luvin hairt, an saul eneuch
tae lat his luve be seen?

GRUOCH Help, help me hyne!

MACDUFF Tent ye the ladie!

MALCOLM [*til Donal Bàn*] Why haud w e wir tungs,
at best may claim this blude-wyte for wir ain?

DONAL BAN [*til Malcolm*] What suid
be spokken here, man, whaur wir weird,
dernt in a brog-hole, may bang out an fang us?
Tak we the gate! Our greit's no yet distelled.

MALCOLM [*til Donal Bàn*] Nor our rank sorra on a gangin fit.

BANQUHO See efter her ladieship!

[*But gaes Gruoch, helpit.*

Whane'er we've smuirt our sillie naukitness,
at's scammed for bein seen, lat's meet agèn
an tak this bluidie boutcher-wark throu haunds
til knaw it better. Fears an fickles shaks us.

44

Stellin mysel in guid's almichtie haund,
I kemp again the undivulgate drift
o traisonable dole.

MACDUFF An sae kemp I.

AA Sae kemp we aa.

MACBETH Lat's shortlie clead manheid wi readiness,
syne meet thegither i the haa.

AA Agree'd, agree'd.

 [*But gae they aa, binna Malcolm & Donal Bàn.*

MALCOLM What will ye du, man? Lat's no mell wi thame!
Shawin a fenyit sorra's no a job
the fauss man fin's it difficult tae du.
I'm gaun til England.

DONAL BAN Than I'll gae til Ireland:
twyned, our fortunes maks us the saufer baith;
for, whaur we'r stad, ther' bítyachs in men's smiles;
the nearer til's in blude, the nearer bluidie.

MALCOLM Tho shot, this fellon arra's ey tae licht:
our saufest course will be tae jouk its mark.
Sae nou, horse, horse! Awà! An lat's no stickle
owre takkin leave: there's warrand for the theft
at stails itsel frae whaur nae mercie's left.

 [*But gae they baith.*

45

II.4

Ben comes Ross, wi an Auld Carle.

AULD CARLE Ithin the lenth o my threescore an ten,
at weill I mind them, I've seen fearsome hours
an unco things, but this coorse nicht bypast
hes fairlie slicht them aa.
ROSS Trowth an atweill, friend,
rummelt wi man-kin's play, hie heiven shores
the bluidie stage. The clock maks on it's day,
dark nicht for aa thrapples the traivlin lamp:
is it nicht's prevalence or day's black shame
at darkness, like a mortclaith, smuirs Earth's face,
whan daylicht suid be smilin on'd?
AULD CARLE Unnaitural,
e'en like the deed at's juist been dune. Laist Teysday,
an aigle towrin i the heicht o heiven
wis bi a huntin oul stooped at an killed.
ROSS An Duncan's horses – unco 't is, but true –
bonnie an swift, the noblest o their strynd,
turned will o naitur, brak their staas, flang out,
an, castin aff obedience, seemed lik they'd
mak weir on men.
AULD CARLE I'm tauld they e'en bit ither.
ROSS Aye, sae they did, an gliffed my glaikit een
at saw them du'd.
Ben comes MacDuff.]
Wha's this, but guid MacDuff?
Hou gaes the warld, sir, nou?
MACDUFF Seena ye hou?
ROSS Is't kent wha wrocht this waur nor bluidie deed?
MACDUFF Thae twa MacBeth pit doun.

ROSS Wae wurth the day!
　　What fore cuid t h e y wun frae'd?
MACDUFF Their paums wis crossed.
　　King Duncan's sons Malcolm an Donal Bàn's
　　baith stown awà, the whilk maks thame suspèck
　　o haein crossed them.
ROSS Ey clean contrair naitur!
　　Weirdless ambítion, wad ye gorble up
　　your ain life's substenance? –
　　Maist likelie, than, MacBeth will faa the croun?
MACDUFF He's ense been nominate, an he's awà
　　til Scoun for tae be throned.
ROSS Whaur's Duncan's corp?
MACDUFF Cairriein hyne til Calum Killie's Isle,
　　the halie treisur-houss o his forebears
　　an keeper o their banes.
ROSS Ar ye for Scoun?
MACDUFF Na, kizzen, I'm for Fife.
ROSS Weill, Scoun for me.
MACDUFF Fareweill – an may ye thair see things weill dune,
　　leist our new gouns sairna sae eith's wir auld anes.
ROSS [*til the Auld Carle*] Fareweill, fríend.
AULD CARLE Wi you, sir, an wi thame my blissing gaes
　　at wad mak guid o ill, an fríends o faes.
　　　　　　　　　　　　　　　　[*But gae they aa.*

47

III.1

Ben comes Banquho, reikit out in ridin claes.

BANQUHO Nou ye hae gotten them, Glams, Cawdor, King,
aa, as the Weird Wives hecht ye; an I dout
ye pleyed gey foul tae get them. Yit they spaed
it wadna gae wi your descent an name,
but I mysel wad ruit an faither be
o monie kings. Gif truith e'er comes frae thame –
as on yoursel, MacBeth, their hechting leams –
why, bi the destinies made guid on you,
may they no be my orakils an aa,
an siccar me in howp? But wheesht, nae mair!
Salute. Ben comes MacBeth, as King, Gruoch, as Queen, Lennox,
Ross, Lords, & a Servitor.]

MACBETH Here's our chief gaist!

GRUOCH Gin we'd forgotten h i m,
an unco mank 't wad been in our braw fest,
an e'endoun misbehauden.

MACBETH The nicht, sir, we'r tae haud a solemn sipper,
at whilk I crave your praisence.

BANQUHO Lay your híeness'
commaunds upon me, til the whilk my dutie
wi bands unbrakkable thirls me for ey.

MACBETH This efternune ye'r ridin?

BANQUHO Aye, your grace.

MACBETH We'd else hae socht the help, in this day's council,
o your guid rede, at's ey been hithertill
baith wice an feckfu: but we'll can tak't the morn.
Ride ye faur?

48

BANQUHO Onlie sae faur, your grace, as tae drive owre
          the time atween an supper. Gif my horse
          gaesna nae swifter, I'll needs be nicht's debtor
          for ae dark hour or twa.
MACBETH Missna our fest!
BANQUHO I'll no, your híeness.
MACBETH We'r tauld our bluidie kizzens hes socht shelter
          in Ireland an in England, no confessin
          their fellon deed, but fillin hearers' lugs
          wi unco líes. Mair o yon the morn,
          whan thairatowre we'll hae effair o state
          tae set wir tungs til. Nou, horse, horse! Fareweill,
          till ye win back at e'en. – Gaes Fleance wi ye?
BANQUHO Aye, sir, we'r trystit, an wir time caas on me.
MACBETH I wiss your horses fleet an siccar feet,
          an sae beteach ye til their backs. Fareweill!
                                        [*But gaes Banquho.*

          Till seiven at e'en lat ilka man o ye
          be maister o his time.
          Til gíe guid-fallowship the doucer walcome
          oursel we'll bide till sippertime our lane.
          Till than, guid-bye, an joy be wi ye!
                 [*But gaes Gruoch, wi Lennox, Ross, & aa the Lords.*
[*Til the Servitor*] You, sir:
          a wurd wi ye! Onwait thae men our pleisur?
SERVITOR Aye, your híeness, outwith the Pailace Port.
MACBETH Bring them in praisence.
                                   [*But gaes the Servitor.*

          Tae be crouned is naething:
          but tae be sauflie crouned! Our fear o Banquho
          pricks deep; an in his royaltie o kin
          rings what suid ey be feared. He muckle daurs;
          an, eikit til his mind's undauntit tune,

his niver-failyin mense ey guides his wirth
tae traivel siccarlie. Ther' nane but him
at's being gars me grue; an in his praisence
my genie's challanced, as wis Antony's,
they say, bi Saizar. He rebalked the Sisters,
whan first they hailsed me wi the name o King,
an bad them speak til him. Syne, prophet-like,
they cried him clan-faither o monie kings.
Upò my heid they set a fru
ctless croun,
an in my níeve a feckless scepture pit,
tae be ruggit out o'd bi haunds unkinlie,
nae gett o mines succeedin. Gif sae be,
for Banquho's childer I'll hae filed my conscience:
for thame I'll hae murthered the seilfu Duncan,
pitten the sourocks in my caup o paice
onlie for thame, and my eternal jowel
gíen til the Maister Fíend, man's common fae,
tae mak thame kings, the seed o Banquho kings!
Raither nor yon, come, Weirds, intil the liss,
an til the outmaist kemp for me! Wha's there?

Ben comes the Servitor, wi twa Murtherers.]

    Tak you the door wi ye, syne bide till cried.

                           [*But gaes the Servitor.*

    Wis it no yesterday we spak thegither?

Baith MURTHERERS Aye, 't wis, sae pleise your híeness.

MACBETH Weill, than: nou
ye've had the time tae think owre what I tellt ye,
ye ken at in time past 't wis him at held ye
sae faur belaw your proper merit, whan
ye blamed it on our sakeless self? Aa whilk
I made it plain til ye at our laist meeting,
an tuik throu prufe wi ye hou ye war pleyed
alang, hou contert, throu what documents,

wha wrocht wi them, an aathing else at micht
tell e'en a daft or capernoitit mind,
'Thusgate wrocht Banquho.'

MURTHERER I Plain eneuch ye made it.

MACBETH Aye, plain eneuch – an, further, til the punct
o this our saicont meeting: div ye finnd
your pâtience hauds sic maistrie owre your naitur
at ye can lat this be? Ar ye sae vangelt
til pray for this guid man an his descendants,
at's hivvie haund hes brocht ye til the graff,
an pit yours til the door for ey?

MURTHERER I We'r men, sir.

MACBETH Aye, i the register ye pass for men,
like hunds an grewhunds, ratches, lyin-dugs,
sleuths, collies, spainyels, messan-tykes, hauf-wowffs,
at's aa caa'd dugs, but in the kennel-beuk
they'r sorted out intil the swift, the slaw,
the weirers, hunters, hame-keepers, ilkane
accordin til the giftie Naitur's bountith
in him hes set. Ilkane o them thus gets
his ain distinction frae the common list,
at styles them aa the same; an sae wi men.
Nou: gin ye've listit an tak up your stance
in no the hinmaist rank o manheid, say'd,
an in your hairts an minds I'll plant a job
at, whan it's dune, remuves your inimie
an grips ye til the inner hairt o ane
at's health's but dwaiblie whiles that man's on life,
but will be perfit whan he díes.

MURTHERER II I'm ane, sir,
at this ill warld's mischíevous blaws an blaffarts
hes sae enragit at I carena what
I du tae gunk the warld.

MURTHERER I An I'm anither,
    sae irkit wi'ds begunks, tuggelt wi fortune,
    at I wad wadd my life on onie chance
    tae sort it or be shot o'd.
MACBETH Ye ken baith,
    Banquho wis your unfriend.
Baith MURTHERERS Aye, div we, sir.
MACBETH He's mines an aa, an keeps his bluidie distance
    sae close at ilka mínit o his life
    thrists at my nobler pairts; an tho I cuid
    wi naikit pou'r scutch him furth o my sicht
    an gar my will staun' guid for't, yit, for fear
    o twa-three friends o his an mines at I
    maunna forfaut their dint, I cuid but murn
    the faa o him I felled. Whaurfor it is
    at here I seek the haund o your assistance,
    guisin the job, for some gey wechtie raisons,
    frae vulgar een.
Baith MURTHERERS Ye may rely on us, sir. /
    We'll du what ye commaund us. / Tho wir lives –
MACBETH Your sprítes shines throu ye! In at maist ane hour,
    I'll warn ye whaur tae hele yoursels, acquant ye
    wi my maist perfit forecast o your time
    an maument: for it maun be dune the nicht,
    some distance frae the Pailace, sae as will
    keep me clear o suspícion; an wi Banquho –
    tae lea' nae scob nor tag-hole i the wark –
    Fleance, his son, at's ridden out wi him,
    an at I need the absence o nae less
    nor e'en his faither's, he maun hauss the weird
    o yon mirk hour. Mak up your minds apairt;
    I'll come belyve.
MURTHERER I They'r made up else, your grace.

MACBETH Straucht, than, I'll caa on ye. Bide ben the houss.
[*But gae baith the Murtherers.*
Sae there's an end o'd! Banquho, thy saul's flicht,
gin it seeks Heiven, maun win til't the nicht.
[*But gaes MacBeth.*

III.2

Ben comes Gruoch, wi a Servitor.

GRUOCH Is Banquho gane frae court?
SERVITOR Aye, but comes back again at e'en, miladie.
GRUOCH Gae tell the King I'm waitin on his leisur
for twa-three wurds.
SERVITOR Aye, ma'm.
[*But gaes he.*

GRUOCH Nocht's had, aa's spent,
whan what we seek's obteined ithout content;
an saufer 't is tae be what we destroy
nor by destroying líve in doutsome joy.
Ben comes MacBeth.]
For pítie's sake, MacBeth, why bide your lane,
wi nane but sairie freits for your companions,
nursin thae thochts at suid shuirlie hae díed
wi thame at's thocht on? Things ther' nae remeid for
budena tae be regairdit: what's dune's dune.
MACBETH We've scutched the serpent, no killt her.
She'll mend an be hersel, while our puir dole
bides ey within her auld tuith's venomed strike.
But may the skame o things be dungen sindrie,

53

an this laich earth an heiven baith dree ill,
or we our meltiths eat in fear, an sleep
afflickit wi aa thae terriple draims
at dirls us o nichts: better be wi the deid
at we for our saucht hes dispashed til theirs
nor on the rack o minds tormentit ligg
in waukrif raivling. Duncan's in his graff;
efter life's flistfu fivver he sleeps weill.
Traison hes wrocht his warst: nor airn nor pusion,
nor hamelt feid, nor outlan hosting, naething
can hynefrae titch him.

GRUOCH C'awà,
my nobil lord, sleek owre your raggit bree,
be licht an cantie mang wir gaists the nicht.

MACBETH I will, my jo; an sae, I pray, will you.
Pey Banquho ey the maist o your attention,
an baith wi tung an ee gíe him preceidence.
No sauf's the while we maun our honours wash
i thir fair-caain streams,
an mak our faces fauss anes for wir hairts,
disguisin what they ar.

GRUOCH Ye maun quat this.

MACBETH Och, fou's my mind, dear lass, o scorpions:
Banquho an Fleance baith ar yet undeid.

GRUOCH The sett at Naitur's gíen them's no perpetwal.

MACBETH Aye, yon's a comfort: they can be assailyit.
Than be ye blythesome: or the bawkie's flown
his pendit flicht, an, roused bi Elfhame's Queen,
the shairn-born nicht-clock, wi his drousie bumming,
hes jowed nicht's gantin bell, there will be dune
a deed o fearsome souch.

GRUOCH What's bein dune?

MACBETH Be sakeless o kenning, my bonnie bird,

till ye can ruise the deed. Come, seelin nicht,
come, steik ye up pítifu day's nesh een,
an wi invísible an bluidie fingers
unlowse the muckle band an rive it sindrie
at gars me luke sae gash. Licht's growin thick,
til his craw-widdie Corbie wings his waas;
day's ain guid things begins tae droop an dover,
an til their hunting nicht's black adgents rouse.
Thou ferlies at my wurds, but haud thee still:
things ill begun mak themsels strang wi ill.
Sae pleise an gae wi me.

[*But gae they baith.*

III.3

Ben comes three Murtherers.

MURTHERER I Wha wis't at bad ye jeyn wi hiz?
MURTHERER III MacBeth.
MURTHERER II He needsna our misdout, sin he's delívert
    MacBeth's ain speeshal orders tellin us
    juist what we've ilk tae du.
MURTHERER I Bide, than, wi hiz.
    Wi orra spraings o licht the wast's ey blent'rin.
    Nou caas the nicht-boun traiveller his spurs
    tae win some timeous inns; an near approaches
    the lad we'r waitin on.
MURTHERER III Wheesht, I hear horse!
BANQUHO [*out by*] Hou, see's a licht torch there!
MURTHERER II It's him! The lave
    at's in the list o gaists expeckit's ense
    at court forgaithert.

MURTHERER I His horse ar gaun about.

MURTHERER II Ou aye, nearhaund a mile: but commonlie
     he maks it, frae hyne til the pailace yetts,
     as div aa ither men, their walk.

Ben comes Banquho & Fleance, wi a torch.]

MURTHERER I A licht, a licht!

MURTHERER III It's him.

MURTHERER I Staun' til't!

BANQUHO There will be renn the nicht.

MURTHERER I Doun lat it come!

               [*They assailyie Banquho.*]

BANQUHO Fy, traison, traison! Flíe, Fleance, flíe, flíe, flíe!
     Ye'll can tak mends - O, ye skellum!

               [*Banquho faas: Fleance wins awà.*]

MURTHERER III Wha doused the licht?

MURTHERER I Na, wisna yon the wey o'd?

MURTHERER III There's but ane doun, the son's wun aff.

MURTHERER II We've tint
     the muckle hauf o our attemp.

MURTHERER I Weill, lat's gae back,
     an say what muckle's here been dune!   [*But gae they aa.*

56

III.4

A banqet set.
Ben comes MacBeth, Gruoch, Ross, Lennox, Lords, & Servitors.

MACBETH Ye ken ilkane your gree, friends, faud your hochs:
aince an for ey, a hairtie walcome til ye!
LORDS We thank your majestie.
MACBETH Oursel we'll neibour wi the cumpanie
an pley the semple guid-man.
[*He walks round the buird.*]
Our hostess keeps her deace, but whan seems best
we'll crave her walcome.
GRUOCH Mouband it for me, sir, til aa wir friends,
for walcome my hairt bids them.
Ben comes the First Murtherer til the door.]
MACBETH See, hou they pey ye back their ain hairts' thanks!
Baith sides is equal-aqual. Here in mids
I'll sit. Be furthie in your mirriness,
an praisentlie we'll kiss the caup wi ither
aa roun the buird.
[*He rises an gaes owreby til the Murtherer.*]
Ther' blude, man, on your face!
MURTHERER It maun be Banquho's.
MACBETH Outwith yoursel it's better nor him ben.
Is he pit doun?
MURTHERER His throat's cut, sir. That job
I dune mysel.
MACBETH Weill dune, my best o throat-cutters!
Yit he's no bad at dis that same for Fleance:
gin ye've dune that an aa, ther' nane comes near ye!
MURTHERER Maist royal sir: Fleance wan free.
MACBETH Than my sair stound returns. I'd else been perfit,

haill as the whunstane, foundit as the rock,
as braid an free's the caller air o heiven:
but nou I'm caibint, cruived, incarcerate
wi gallus douts an fears. But Banquho's sauf?

MURTHERER Ou aye, sir King: sauf in a sheuch he's lairt,
wi twantie trinkit gaws upon his heid,
at micht ilkane hae felled him.

MACBETH Thanks for that.
Thare liggs the grown víper. The wean at's fled
a naitur hes at will in time breed venom,
but yet wants teeth. Awà wi ye: the morn
we'll speak mair wi ither.

[*But gaes the Murtherer.*

GRUOCH My royal lord,
ye mak your gaists ill cheer: the fest's but sauld
at beirs, in bein gíen, nae warrandice
it's gíen wi walcome. Eating's best at hame:
frae hame, meat's kitchent best wi curtasie;
the meeting's dríech at wants it.

Ben comes Banquho's Ghaist an sits doun in MacBeth's chair.]

MACBETH Douce remembrancer!
Nou guid disgeistion folla appetíte,
an guid health baith!

LENNOX May'd pleise your grace tae sit.

MACBETH Nou wad we hae braid Scotland's honour caipt
gif here our Banquho's mensefu self wis praisent –
at may I challance raither his unkindness
nor pítie his ill chance!

LENNOX His absence, sir,
quarrels his hecht. Will't pleise your híeness' grace
tae mense us wi your royal cumpanie?

MACBETH The buird's fou.

LENNOX Here's a seat we've keepit, sir.

MACBETH Whaur?

LENNOX Why, here, your grace. What is't mismuves your híeness?

MACBETH Whilk o ye's dune this thing?

LENNOX What thing, your grace?

MACBETH Thou canna say I did it: niver shak
    thae gourie hairs at me!

ROSS Rise, rise, my lords: his majestie's no weill.

GRUOCH Sit, honest friends: my lord's taen affen sae,
    an hes been frae a bairn. Pleise ye, bide sittin.
    It laists but a maument, syne in a gliff
    he's weill agèn. Bi takkin muckle tent
    ye'll baith aggríeve him an aggrage his ill.
    Eat ye, regaird-him-na. – Ar ye a man?

MACBETH Aye, an a bauld ane, at daur luke on what
    micht weill mismay the Deivil.

GRUOCH Buff an nonsense!
    This is the vera limning o your fear;
    this is the air-drawn bítyach at ye say
    brocht ye til Duncan. Ach, thir stairts an stounds,

at's guisers tae rael fears, an weill micht set
the winter fireside tale a wuman tells
at lairnt it frae her grandmither! Shame ye no
tae hing on yon lang face? Whan aa's been said,
it's but a stuil ye'r goavin on!

MACBETH See thare! Luke, luke, I prig ye! – Na, hou says-tu?
What care I thou can nod? Speak, tae the buit!
Gif bane-yairds an deid-houssis maun send back
thame we hae buirit, than for moniments
we'll hae the kytes o gleds.   [*But gaes Banquho's Ghaist.*

GRUOCH What, sae faur-gane in follie?

MACBETH But I'm no staundin here, I saw him!

GRUOCH Fy,
for shame!

MACBETH Ther' blude been skailt or nou, i th'auld,
or kindlie laws had scourt the common weill:
aye, an sinsyne murthers hes been committ
owre terriple tae tell. The time hes been
at, whan men's harns wis shed, they díed,
an aa wis by wi: nou they rise agèn
wi twantie deidlie murthers on their pows
tae kilt us frae wir stuils. Yon's mair by-common
nor onie siclike murther.

GRUOCH My guid lord,
your nobil fríends is lackin ye.

MACBETH Forgíe me,
my honest feres, ye needsna ferlie at me:
this queerlike ail I hae, at's little thing
til thame at kens me best. But come, drink skoll!
Syne I'll sit doun. Fill me some wine, lip-fou!

Ben comes Banquho's Ghaist.]
Drink skoll til ilkane's joy at's at the buird,
an til our dear fríend Banquho, at's amissin:

gin he wis here! Til aa, an him, we thrist,
an aa til aa!

LORDS Our service, an the pleidge!

MACBETH [*seein the Ghaist*]

Out o my sicht, out, hele ye in the muils!
Your banes is merchless nou, an cauld your blude.
Ther' no the pouer o seeing in thae een
ye glower wi.

GRUOCH Juist think o this, my lords,
as something he's uised wi, for sae it is,
tho nou it mars the pleisur o the time.

MACBETH What man may daur, I daur.
Approach me like the raggit Rooshian beir,
airmourt rhinoceros, or Persian tiger,
tak onie shape but thon, an my stíeve sinnens
will niver trimmle: or rise up agèn
an daur me til the muirland wi thy swuird:
gif trimmlin I bide than, thou may proclaim me
a lassock's babbie. Out, horrible shedda,
fauss bogle, out!   [*But gaes Banquho's Ghaist.*
Sae, nou it's saunt awà,
I'm wice agèn. I prig ye, sirs, sit still.

GRUOCH Ye've mudged our glee, disruptit our braw haundling
wi maist remarked disorder.

MACBETH Can sic things be
as hes owrecuist us lik a simmer's cloud,
an hiz no ferlie at them? Ye mak me
a strainger tae the man I thocht I wis,
whan nou I think ye can behaud sic sichts
an keep the naitral reidness o your chafts
whiles mines is white wi fear.

ROSS What sichts, my lord?

GRUOCH Speakna, I prig ye: he grows ey the waur.

61

Speiring inrages him: aff-luif, guid-nicht.
Staund-ye-na on your order o depairting,
but straucht depairt.
LENNOX Guid nicht, an may his híeness
brouk better health.
GRUOCH A fain guid nicht til aa!

[*But gae aa the Lords & Servitors.*

MACBETH What blude begins ends nocht, they say, but mair.
Stanes hes been kent tae flit, an trees tae speak:
freits an invísible connexions hes
throu pyots, kaes, an corbies brocht tae licht
the best-dernt man o blude. Hou gaes the nicht?
GRUOCH Near tuilyiein wi morning, whilk is whilk.
MACBETH What say ye, gin I tell ye at, whan summont
tae court, MacDuff renegged?
GRUOCH Writ ye til him, sir?
MACBETH I hard it tauld biwey: but I'll write sune.
Ther' no a man o them, but in his houss
I keep a servan fee'd. I'll write the morn.
Bitimes, tho, I'll repair til the Weird Sisters.
Mair maun they speak: for nou I'm keen o lairning
i the warst wey the warst. For my ain guid
aa ither fowk's maun cowp. I hae in blude
stapped sae faur ben at, waded I nae further,
I'd hae as ill back-comin as ga'n owre.
Ther' uncos in my heid maun come til haund
an be performed afore they may be scanned.
GRUOCH Ye'r wantin Naitur's best refreshment, sleep.
MACBETH Aye, sleep, sleep, sleep! My strainge-like self-abyuiss
is the beginner's fear at needs hard yuiss.
We'r yung yet in deed.

[*But gae they baith.*

III.6†

Ben comes Lennox, wi Angus.

LENNOX Wi aathing I've spokken your thochts is hit,
an may mak mair o'd. I'm sayin onlie this:
we've seen queer weys o duing. The 'gracious Duncan'
wis pítied bi MacBeth: od, he wis deid!
Syne the 'richt dochtie Banquho' walked owre late;
an, gin ye pleise, ye may say, 'Fleance killt him';
for Fleance fled. Fowk maunna walk owre late!
Wha can help thinkin hou onnaitural
't wis for the princes Malcolm an Do'l Bàn
tae kill their mensefu faither? Dampnit fact!
Think hou it fashed MacBeth! What did he straucht,
in richtwiss teen, but rive thae twa deed-duers,
at baith war sclaves o drink an thrells o sleep?
Wis that no noblie dune? Aye, an wicelie, tae,
for 't wad hae angert onie hairt til hear
thame twa denyin it. Sae he, I'd say,
hes manished aathing weill; an I jalouse
at, had he Duncan's sons baith lockit up –
as, heiven be pleised, he winna – they wad lairn
what faither-killing's wurth; an sae wad Fleance.
But wheesht: for his plain-speaking, an because
he hained his praisence frae the Tirrand's fest,
MacDuff, I'm tauld, líves in disgrace. Can you
tell me, sir, whaur he's ludged?
ANGUS Duncan's auld son,
at's richt o birth this tirrand hes usurpit,

---

† *For III.5, see Appendix I.*

steys at the English court, whaur he's been walcomed
bi sauntlie Edward wi sae muckle grace
at the malígnancie o Fortune tirrs
naething frae his respeck. Thartill MacDuff
is gane tae seek the halie King's permission
tae raise Northummerlan an martial Síward
sae as, wi thair help – an wi Him abune
tae juistiffe the wark – we may aince mair
bi day keep apen doors, sleep sound o nichts,
haud fests an banqets free o bluidie knives,
gíe aefauld homage, an be gíen free honours –
aa whilks we gríen for nou. But this report
sae ugged †MacBeth at he's been shairpnin swuirds
for weirlik action.

LENNOX Summont he MacDuff?

ANGUS Ou aye; an at his dounricht 'Sir, no me!'
the lourin herald turns his back on him
an souchs, as gin tae say, 'Ye'll rue the hour
clags me wi this answer.'

LENNOX An that micht weill
advise MacDuff, 'Tak tent tae keep what distance
your prudence wins ye.' May some halie aingel
tak wings til England's court, an straucht gíe him
this message, or he comes, sae's ae swift blissing
may sune return til our puir trauchelt Scotland,
at's dreein ills unner a cursit haund!

ANGUS Wi yours I send my prayers an aa.

[*But gae they baith*

---

† *For* their King *(F.), read* the King *(edd.)*

64

IV. 1

Thunner: ben comes the three Weirds.

WEIRD I   Thrice the brandit cat hes myow'd.
WEIRD II   Thrice, an aince the hurcheon's wheept.
WEIRD III   Dauvit cries, 'It's time, it's time!'
WEIRD I   Roun an roun the caudron rin,
                 cast the pusiont gralloch in:
                 taid at unner cauld stane
                 nichts an days bade thirtie-ane:
                 sweltert venom, sleepin got,
                 bummle first i th'inchantit pot.
Aa three WEIRDS   Double double, tyauve an truible,
                 double double, tyauve an truible:
                 for a spell o feckfu truible
                 burn fire an caudron bubble.[1]
SAICONT   Collops o a mossie snake
                 in the caudron beyl an bak:
                 esk's ee an tae o frog,
                 bawkie's oo an tung o dug,
                 víper's fork an slae's stang,
                 lízart's leg an houlat's wing,
                 for a spell o feckfu truible
                 lik the Deil's brose beyl an bubble.
Aa three WEIRDS   Burn fire, burn fire,
                 caudron bubble, burn fire:[1]

---

[1]   In elaborating this familiar refrain, I have imitated some of the metrical patterns most often employed in *ceòl-mór* (Sc. and Eng. 'pibroch'). – Tr.

65

caudron bubble, caudron bubble,
burn fire an caudron bubble.

WEIRD III   Draigon's scale, wowff's tuith an aa,
deid man's junts, gut-poke an maw
taen frae gizzent saut-sea shark,
humlock-ruit delft i the dark,
spleen o Christ-denyin Jew,
gait's gaw an slips o yew
skelfit in the mune's eclipse,
Turk's neb an Tartar's lips,
finger o the birth-smuirt bairn
cuist bi a queyn aside a cairn.
Eik thairtil a tiger's baggie,
till the skink grows thick an claggie.

Aa three WEIRDS   Tyauve an truible, caudron bubble,
double double, tyauve an truible;
burn fire an caudron bubble,
double double, tyauve an truible:
beyl an bummle, tyauve an truible,
burn fire an caudron bubble;
for a spell o feckfu truible,
burn fire an caudron bubble.

WEIRD II   Cuil it wi a maundril's blude:
syne the cantrip's firm an guid.† –
Bi the prickling o my thumbs
something wickit this wey comes.
       Apen locks,
         whaiver knocks!

Ben comes MacBeth.]

---

†   *For ll.39-43 ('Enter HECATE... – Exeunt... the other three*
  Witches'), see Appendix I.

MACBETH   Ye dern, mirk, midnicht carlins, tell me suith,
     what's this ye'r duin here?
Aa three WEIRDS What maun be nameless.
MACBETH I prig ye, bi the skíll at ye profess,
     nae maitter whaur ye lairnt it, answer me:
     tho ye may lowse the winds an lat them whud
     against the reelin kirks; tho barmin watters
     owrecowp an swalla doun the ships at sea;
     tho staundin corns be laid, an trees blawn doun;
     tho castels whummle roun their keepers' heids;
     tho pailaces an píramids bou doun
     their heids as laich's their larachs; tho the treisur
     o Naitur's seeds be jummelt aathegither,
     till e'en destrucſtion scunners: answer me
     what I speir at ye.
WEIRD I Speak!
WEIRD II Demaund!
WEIRD III We'll answer.
WEIRD I Say whether frae our mouths ye'd raither hear it,
     or frae wir maisters?
MACBETH Caa them! Lat me see them!
WEIRD I   Eik a sou's blude at hes etten
         her nine grices; creish at's swutten
         frae the murtherer's dule-tree thraw
         on til the flamm.
Aa three WEIRDS Come heich, come law,
         your self an office featlie shaw.

         Thunner: First Apparítion, an Airmed Heid.

MACBETH   Tell me, ye unkent pouer
WEIRD I   He kens your thocht.
         Hear his speak, but say you nocht.

APPARITION I
 MacBeth! MacBeth! MacBeth! Bewaur MacDuff!
 Bewaur the Thane o Fife! Lowse me. Enyuch!
             [*Doun gaes he.*
MACBETH For your guid telling, thanks, whate'er ye be:
 ye've sift my fear aricht. But ae wurd mair –
WEIRD I He winna tak nae orders. Here anither,
 michtier yet nor him.

    Thunner: Saicont Apparition, a Bluidie Bairn.

APPARITION II MacBeth! MacBeth! MacBeth!
MACBETH Gin I'd three lugs tae hear ye wi!
APPARITION II
 Be bluidie, bauld, determit: lauch tae scorn
 the pouer o man: for nane o wuman born
 sall skaith MacBeth.   [*Doun gaes he.*
MACBETH Live, than, MacDuff! What needs me fear o you?
 But yit, til mak what's siccar twice as siccar,
 I'll tak the Weirds' ain band on't: thou'll no live,
 sae I may tell fauch-hairtit Fear she lies –
 and, for as loud's it thunners, sleep.

    Thunner: Third Apparition, a Bairn crouned,
     wi a tree intil his haund.

 Wha's this,
 at rises lik the lad-bairn o a king
 an on his babbie's foreheid weirs the croun
 an creist o sovrantie?
Aa three WEIRDS Lissen, but wheesht ye!
APPARITION III
 Be lion-hairtit, crouse, an carena by

68

wha freets or fykes nor wha's colleagued against ye:
for niver sall MacBeth be vincust, till
the Wuid o Birnam tae Dunsinnan Hill
sall come tae fecht him. [*Doun gaes he.*

MACBETH That we'll niver see!
For wha can lift the forest, gar the tree
rug out its erdfast ruits? Douce bodements! Guid!
Unrulefu deid, rise niver, till the Wuid
o Birnam rise, an our exalt MacBeth
outlíve his tack o time an pey his braith
tae Naitur's mortal toll. Yit still my hairt
dirls tae lairn ae thing: tell me, gin your airt
can spae sae faur, sall iver Banquho's clan
ring i this kinrick?

Aa three WEIRDS Seekna mair tae knaw.

MACBETH I will be saitisfíed! Refuise me this,
an banned be ye for iver! Lat me knaw! –
What wey's yon caudron sinkin? [*Chanters.*]
What soun's this?

Aa three WEIRDS Shaw! Shaw! Shaw!
Shaw his een an gríeve his hairt:
come lik scugs, lik scugs depairt.

*A paidgean o seiven Kings & a Queen
(Robert II, Robert III, James I, James II, James III, James IV,
James V, & Mary, wi a keekin-gless intil her haund),
aa folla'd bi Banquho.*

MACBETH Ye fauvour Banquho's ghaist
owre weill! Doun, doun,
your croun scowthers my boglin een! The hair
o this neist gowd-girt broo taks aff yon ither's.
The third's owre like the saicont. Fousome carlins,

why, why shaw me ye thir? A fowrt? Stairt, een!
What, will the ling rax out til skreik o dume?
Anither yet? A seivent! Shaw me nane mae!
But here compears the aucht, beirin a gless
at shaws me monie mae; an some I see
at cairries twafauld orbs an threefauld sceptures.
Horrible sicht! An yit I see it's true,
for nou blude-slaistert Banquho blinks on me
an points them out for his. What, is't e'en sae?†
                 [*Maisic: the Weirds dance, syne vainish.*
Whaur ar they? Gane! Lat this unchancie day
staund ey accursit i the calendar!
Hou, hou, tharout!
Come ben, Lennox!

Ben comes Lennox.]

LENNOX What's your grace's will?

MACBETH Saw ye the three Weird Sisters?

LENNOX Na, my lord.

MACBETH Camna they by ye?

LENNOX Na, my lord, fient ane.

MACBETH Infeckit be the air they ride on, dampnit
ilkane at lippens til them! Yit I hard
the wallopin o horse: wha wis't cam by?

LENNOX But twa-three sent, my lord, tae bring ye noos:
MacDuff's fled.

MACBETH Whaur til?

LENNOX England.

MACBETH Fled? Til England?

LENNOX Aye, your grace.

---

† *For ll. 124-31 ('Aye, sir, all this ... - ... his welcome pay'd), see
Appendix I.*

MACBETH Time, time, ye hae prevened my fearsome ploys!
Our flichtie ettling's niver cairried out,
binna the duing gaes wi'd. Frae hyne furth
the vera first-born o my hairt will be
my haund's first-born an aa. Aye, an eenou,
tae croun my thochts wi deeds, what's thocht be dune:
the castel o MacDuff I sall surprise,
grip hauds o Fife, an gíe til the swuird's face
his wife, his bairns, an aa unsonsie fowk
comes efter him. Nae blowsting, lik a fuil's:
this deed I'll du afore this ettling cuils.
But, nae mair sichts! Nou, whaur's thir gentlemen?
C'awà, an bring me whaur they ar.

[*But gae they aa.*

IV. 2

Ben comes MacDuff's Wife, wi her Son & Ross.

WIFE What had he dune tae cause him flíe the kintra?
ROSS Ye maun hae pâtience, madam.
WIFE Nane had he.
Tae flíe wis gytit! Whan wir actings divna,
wir fears aft maks us traitors.
ROSS Whuther 't wis
his wisdom or his fear, ye ken-na, wuman.
WIFE Wisdom? Tae lea' his houss an hauld, his wife,
an aa her bairntime, their lanes intil a place
at he flíes frae himsel? Little he likes us!
He wants the kindlie titch: puir Jennie Wran,
the littlest bird there is, fechts tae defend

71

the gorblings in her nest against the oul.
Aathing the fear maun be, naething the luve,
nor oniething the wisdom, whaur the flicht
sae kemps against aa raison.

ROSS   My dearest kizzen,
I prig ye, guide yoursel! But, for your guidman,
at's nobil, wice, judícious, he kens best
the saison's flists. I daur mouth little mair:
but fell's the times we live in, whan we'r traitors
an kens-it-na wirsels; whan we kep souchs
o what we fear, but kens-na what we fear,
an, waltrin on a wild an gurlie sea,
swee back an furth. I tak my leave o ye.
Or lang gae by, I'll be back here agèn.
Things will, at warst, devaul, or aince mair sprauchle
back up til what they ware. My braw wee kizzen,
my blissings on ye!

WIFE   He's faithert, sae he is, yit faitherless.

ROSS   I'm sicna fuil at, gin I tarried mair,
I'd baith be shamed mysel an scunner you.
Affluif I tak my leave.   [*But gaes he.*

WIFE   Trowth, sir, your faither's deid.
Sae what will ye du nou? Hou will ye fend?

SON   As birds dis, mither.

WIFE   Feech, on wurms an flíes?

SON   Wi aathing I'll can get, an sae div they.

WIFE   Puir bird, ye'd niver fear the fouler's net,
the birdlime, or the girn!

SON   Why wad I, mither?
puir birds they'r no set for!
My faither isna deid, for aa ye'r sayin.

WIFE   Aye, but he is sae deid. Hou will ye du for a faither?

SON   Na, hou will y o u du for a man?

WIFE For a man? I can coff mysel a score o them at onie fair.

SON Than ye s' be coffin them but for tae sell them agèn.

WIFE Ye speak wi aa your wit, but still,
nae dout, wi wit eneuch for you.

SON Wis my faither a traitor, mither?

WIFE Aye, sae he wis.

SON An what's a traitor?

WIFE Ane at sweirs an líes.

SON Is ilkane at sweirs an líes a traitor?

WIFE Aye, sae he is, an maun be hangit.

SON An maun aa thame be hangit at sweirs an líes?

WIFE Ilka man an lad o them.

SON Wha's got tae hang them?

WIFE The honest men.

SON Than they maun aa be gomerils at sweirs an líes, for
ther' sae monie feck o thame at they cuid bang the
honest men an hang them aa up.

WIFE Guid help ye, my puir wee puggie! But hou w i l l ye
du for a faither?

SON Gin he w i s deid, ye'd be agreitin for him; an gin ye
warna, it wad be a shuir sign ye'd shune be gíein me a
noo yin.

WIFE Puir wee yaff, ye'r bletherin!

Ben comes a Messenger.]

MESSENGER Guid keep ye, ma'm. Ye'r no acquant wi me,
for's brawlie's I'm acquant wi your heich honour.
I dout some dainger's likin tae come near ye.
Gin ye'll but tak a haimart chíel's advice,
binna fund here: awà hyne wi your littlans!
Tae fricht ye sae, guid kens, is dour eneuch;
tae du waur wad be bluidie crueltie,
at's no faur frae your praisence. Guid watch owre ye!
I daurna bide here mair. [*But gaes he.*

WIFE Whaur suid I flíe?
    I havna dune nae hairm, yit nou I mind
    I'm in this praisent warld, whaur duin hairm
    is affen prized, an duin guid's whiles countit
    for naither sauf nor wice. Why, than, allace,
    div I on wuman-weys defend mysel
    bi pleadin, like, 'I havna dune nae hairm'?
Ben comes twa-three Murtherers.]
    Wha's faces can thir be?
MURTHERER Whaur's your guid man?
WIFE Naewhaur, I howp, sae faur frae sanctitude
    at sic as you micht finnd him.
MURTHERER He's a traitor!
SON Thou líein, †hairie-luggit skellum!
MURTHERER [*stoggin him*] Hae,
    wee goggie, smowt o traison!
SON [*díein*] He's killt me, mither!
    Rin, rin, for onie sake!
WIFE [*rinnin awà*] Fy, murther, murther!
               [*But gaes she, pursued bi the Murtherers.*

---

† *For* shag-hair'd *(edd.), read* shagge-ear'd *(Ff.1-2), or* shag-ear'd *(Ff.3-4).*

IV.3

Ben comes Malcolm & MacDuff.

MALCOLM　Lat's caa wir waas til some desertit den
　　whaur we may greit our sair hairts tuim.
MACDUFF　Lat's raither
　　grip the shairp swuird, an stalwartlie defend
　　our whummelt kintra. Ilka day at daws,
　　new widdas yowls, new orphants rairs, new sorras
　　scuds heiven on the chafts an gars it dinnle
　　as gin it grieved wi Scotland an skirlt out,
　　'Och, ochanie!'
MALCOLM　What I believe, I'll murn,
　　what ken, believe, an what I can amend,
　　I sall, saebein's I fin' the times my friends.
　　What ye've juist said – belike there's truith intil't.
　　This tirrand, at the vera name o blushes
　　wir tungs, wis aince thocht honest; you yoursel
　　aince liked him weill. He hesna yet titched you:
　　wha kens but, as I'm yung, ye may sumdeil
　　†discern throu me, an syne be gleg eneuch
　　tae saicrifice a puir waik sillie lamb
　　for tae appaise an angrie god?
MACDUFF　I am nae traitor!
MALCOLM　Na? But MacBeth is.
　　E'en leal an honest naiturs may resile
　　afore a royal chairge. I crave your pardon,
　　for what ye ar my thochts downa transpone:

---

†　*For* deserve of him *(edd.), read* discerne *(F.); an for* and
　wisdom *(F.) read mebbie* and have the wisdom *cj.*

75

aingels is bricht yet, tho the brichtest fell;
an e'en tho aa foul things wure brous o grace,
yit grace maun ey kythe sae.

MACDUFF I've tint my howps.

MALCOLM Belike ye tint them whaur I fund my douts.
Why left ye wife an childer sae bare-naikit,
thae praicious pleidges, thae hairt-thirlin knots,
ithout leave-takking? I prig ye,
lat my suspícions be, no your dishonours,
but my assurances: aiblins ye'r leal,
whativer I may think.

MACDUFF Bleed, bleed, puir Scotland!
Gryte tirannie, lay deep your founds an siccar,
for guidness durstna chack ye: weir ye your wrangs,
your títle's been confirmed. Fare weill, my lord:
for aa the room claucht in yon tirran's grip,
wi aa the rich Aist, tae, I wadna be
the scounrel ye think me!

MALCOLM Tak-ye-na ill wi'd:
it's no out-throu in fear o ye I speak.
I'm thinkin, Scotland founers neth the yoke:
she greits, she bleeds, an ilka day a stug's
eikt til her wounds. I'm thinkin, mairatowre,
at in my cause haunds wad be liftit up;
an sauntit Edward's offered me frae England
a guid few thousan sodgers. Still an on,
whan I hae strampelt on the Tirrand's heid,
or broatched it on my swuird, than my puir kintra
sall ken mair ill-gates nor it's kent heretill,
dree mair, an on mae weys, nor iver yet,
frae him at's neist tae come.

MACDUFF Wha suid come neist?

MALCOLM Mysel I'm speakin o: for weill I wat,

76

sae impit is aa ill-gates intil me
at, whan they aince unfauld, the Black MacBeth
will seem as white's the snaw, an our puir States
will rackon him a fliskie lamb, compared
wi my unboundit skaiths.
MACDUFF Ther' canna staund
in Hell's ain ranks nae deivil sae faur seen
in eivil as MacBeth.
MALCOLM Atweill he's bluidie,
litcherous, keen o siller, fauss, twafauld,
gallus, invyfu, yowthrin o ilka sin
at's e'er been gíen a name. But boddomless
is my carnalitie: your wives, your dauchters,
your kimmers, an your queyns cuid niver fill
the mill-dam o my lust; an my desire
wad whummle aa obstant impediments
at micht gainstaund my will. Better MacBeth
suid ring, nor sicna chíel!
MACDUFF Boundless mistemperance
in naitur's a tirannitie, at's tuimed
untimeouslie the thrones, an been the douncome,
o monie kings. But binna feart frithàt
o takkin on what's yours. Ye'll shuirlie can
convoy your pleisurs in wide room an rowth,
an yit seem cauld; fowk c a n be sae begunked.
Ther' fouth o wanton wives: ye canna hae
the gled in ye tae gorble up as monie
as will mak offrands o themsels tae majestie,
whan they jalouse it's fain.
MALCOLM Ther' grows, forby,
amang the lave o my ill-mixed affeCtions,
a greed sae menseless at, gin I wis king,
I wad pit doun the lords tae reive their lands,

77

thig that ane's jowels an this ither's houss;
an my mair-haeing wad be but a salse
wad gar me yaup the mair tae contrafait
unricht disputes against the guid an leal,
perishin them for walth.

MACDUFF　This greed ye speak o
stricks deeper an wi ruits mair skaithfu grows
nor lust in simmertime; an it hes been
the swuird at's felled the feck o our slain kings.
But niver fear; Scotland hes rowth o fusion
can stech ye wi but what's your ain. Aa thir
can ey be tholed, wi ither virtues wey'd.

MALCOLM　But nane hae I: thae proper kinglike virtues –
lik juistice, truith, mercie, stabílitie,
bountie, temperance, lownness, diligence,
devotion, tholance, courage, hardiment –
nae saur o thame hae I, but lairge I am
in multiplicâtion o ivrie crime,
duin't on monie weys. Had I the pouer,
I'd pour douce greement's milk out intil Hell,
stramash the haill warld's saucht, confound
aa bonaccord on earth.

MACDUFF　Na, Scotland, Scotland!

MALCOLM　Gif sicna man's fit for tae govern, speak:
I'm sicna man's I've spokken.

MACDUFF　Fit for tae govern?
Trowth, na, nor e'en tae líve! O wretchit nâtion,
wi an unleisome, bluidie-scepturt tirrand,
whan sall thy hailsome times come back again,
seein the true heir o thy royal line
bi his ain interdiction staunds defamed,
an sclanders his ain kin? Your royal faither
a king maist sauntit wis: the Queen your mither,

affener on her knees nor on her feet,
díed ilka day she líved. Sir, fare ye weill!
Thir eivils ye repeat i your nain self
hes flemed me furth o Scotland. Och, my hairt,
here ends thy howp!

MALCOLM MacDuff, this nobil passion,
ingenrit o lawtie, hes frae my saul
dicht aff the drumlie douts an gree'd my thochts
wi your guid truith an mense. Fíendlie MacBeth
wi monie siclike slichts hes socht tae wile me
intil his pou'r, an my blate wisdom plucks me
frae aa owre-facil haist. But guid abune
dale betwix ye an me; for I e'enou
subjèck mysel hyne-frae tae your correction,
unspeak my self-miscaaing, an forsweir
the smits an blames I've wytit on mysel
as no sib til my naitur. I'm a maiden,
no yet acquant wi weimen, niver wis
manswurn, scaircelie hae gríened for what's my ain,
brak ne'er my trowth, wadna betraise nae deivil
til onie ither, nor nae less delytena
in truith nor life. I've niver telIt nae líes
but thir about mysel. I trulins am
yours tae commaund, an our sair-trauchelt kintra's,
at, deed, or iver you cam near this bit,
Yerl Síward, wi ten thousan stalward men
boden in feir o weir, wis settin out for.
Nou we'll forgaither; may our chance o speed
be even wi the juistice o wir cause.
Why speak ye no?

MACDUFF Sic walcom an unwalcom things as thir
ill sorts wi ither.

Ben comes an English Doctor.]

79

MALCOLM We'll speak agèn. –
Furth comes the King, na, doctor?
DOCTOR Yes, indeed.
There's a crowd here of poor sick people waiting
for him to cure them. Their disease defies
our best medical skill: but at his touch,
such is the sanctity that God's endowed
his healing hands with, they at once get better.
MALCOLM Weill, thank ye, doctor. [*But gaes the Doctor.*
MACDUFF What is the ill he means?
MALCOLM In Scots it's cried
the cruels, but in English the King's Evil –
a maist miraclous wark o this guid king's,
at affen while I've bidden here in England
I've seen him wirk. Hou he fleitches heiven
guid kens: but uncoweys-afflickit fowk,
bowdent an rankelt, pítifu tae see,
at medicíne despairs o them, he hails
bi hingin roun their craigs a gowden pennie
hanselt wi halie prayers; an men says,
til aa succeedin kings an queens he'll leave
his hailin benison. Forby this pouer,
he's gotten Heiven's gift o prophecie,
an sindrie blissings hings about his throne
at cries him fou o grace.
Ben comes Ross.]
MACDUFF Nou, wha comes here?
MALCOLM A kinlie Scot, but no ane I ken yet.
MACDUFF My iver gentle kizzen, weill come here!
MALCOLM I ken him nou. May guid bitimes remuve
the cause o our unfríendship!
ROSS Sir, âmen!
MACDUFF Staunds Scotland whaur she stude?

ROSS　Allace, puir kintra,
　　　　scairce bauld eneuch tae ken hersel! She suidna
　　　　be cried wir mither, but wir graff, whaur nocht
　　　　but him at kens nocht iver seems tae smile,
　　　　whaur sechs an grains an skirls at screeds the lift
　　　　is hard, no harkit, an rank sorra seems
　　　　a warldlike passion. Thair scairce iver nou's
　　　　the deid-bell speirt at wha it's jowin for;
　　　　an guid men's lives untimeous souchs awà
　　　　afore the plants they weir on their cockadds,
　　　　díein or they've taen ill.
MACDUFF　O, tale owre trig,
　　　　an yit owre true!
MALCOLM　What's the newest grief?
ROSS　Ane mair nor ane hour auld gars hoot the teller,
　　　　for ilka mínit clecks a new ane.
MACDUFF　Hou's
　　　　my wife?
ROSS　Weill.
MACDUFF　And my childer?
ROSS　Weill an aa.
MACDUFF　The Tirrand's no been blatt'rin at their saucht?
ROSS　Na, they war weill at saucht, whan laist I saw them.
MACDUFF　Binna sae nígart o your speech: hou gaes't?
ROSS　Whan I set out tae bring the hivvie tythance
　　　　at I've been cairriein, there ran abreid
　　　　a souch at monie likelie lads wis out –
　　　　whilk wis the mair, methocht, tae be belíeved
　　　　for that I saw the Tirrand's pouer afit.
　　　　The time's your fríend. In Scotland nou your ee
　　　　wad raise ye sodgers, gar our weimen fecht
　　　　tae cast aff their distress.
MALCOLM　Their comfort be'd

81

we'r comin thamewart. Gracious England's lent us
Auld Síward an, wi him, ten thousand men –
the auldest sodger, an the best, at's kent
in Crissentie.

ROSS O, gin I cuid but answer
this comfort wi comfort! But I hae wurds
at suid be skirlt intil the gowstie air
whaur hearing nane wad kep them.

MACDUFF Whauranent?
The common cause? Or is't a private grief
in ae breist's single aucht?

ROSS Nae honest mind
but skares intil't some dule, albeid the rouch o'd
belangs yoursel anerlie.

MACDUFF Gin it's mines,
keep-it-na frae me, lat me hae'd at aince.

ROSS Mayna your ears ey hyne dispreise my tung,
at will owretak them wi the hivviest sound
at iver they hae hard.

MACDUFF Aye, but I'm guessin.

ROSS Your castel's been surprised, your wife an weans
sauvagelie slauchtert. Tae tell ye the gate o'd
wad til the killing o thir murthert deer
eik yours an aa.

MALCOLM Mercifu heiven! Na, man,
rug-ye-na doun your bannet on your bree!
Gie sorra scowth: the grief at winna speak
rouns til the owre-birnt hairt an bids it brak.

MACDUFF Childer an aa?

ROSS Wife, childer, servants, ilkane
at micht be fund.

MACDUFF An I maun be frae hame!
My wife killt, tae?

ROSS I've tellt ye.

MALCOLM Be comfortit.
Lat's mak o our gryte vengeance our remeid
tae mend this deidlie grief.

MACDUFF He's got nae childer!
Aa my wee winsome anes? Aa, said ye? Aa?
Ye Hell's gled! What, my bonnie hen, wi aa
her lachter, aa, at ae fell swiff?

MALCOLM Debate it like a man.

MACDUFF Aye, sae I will:
but I maun alsweill feel it like a man.
I canna but hae mind o what things wis,
an wis maist dear tae me. Luked Heiven on
an wadna tak their pairt? Sinfu MacDuff!
They've aa been felled for thee! Nocht at I am,
no for their ain demerits, but for mines,
hae they been slauchtert. May guid rest them nou!

MALCOLM Lat this be your swuird's shairpin-stane; lat grief
turn intil wrath; dullna the hairt, inrage it.

MACDUFF Cuid I but pley the wuman wi my een,
the blowster wi my tung! But, gracious heivens,
cut short aa hint-haun' tarrieing! Baird til baird
bring ye this fiend o Scotland wi mysel:
gif frae within my swuird's lenth he wins free,
may guid forgie him, tae!

MALCOLM T h i s port's man-muckle!
Lat's gae nou tae the King; our force is buskit;
we needsna naething but wir leave. MacBeth's
ripe for the shakking, an the pouers abune
taks up their wappons. Grip what howp ye may:
the nicht's gey lang at keepsna tryst wi day.

[*But gae they aa.*

83

V. 1

*Ben comes a Scottish Doctor, wi a Ladie,
ane o Queen Gruoch's Weimen.*

DOCTOR I've watched twa nichts wi ye, but nae pickle truith can I fin' in your account. Whan div ye say she laist walked?

LADIE Ey sin his majestie gaed affeld, I'm seein her get up out o her bed, cast her goun about her, unlock her press, tak furth a throch o paper, faud it, scríve on't, read it, an seal it, syne awà back til her bed agèn: yit aa this while she's fast asleep.

DOCTOR A muckle constitutional pertruiblement, tae be gettin the benefit o sleep an actin waukent-like, baith at the same time! In aa this somnambulant activitie, forby her gaun about an onie ither thing she actuallie dis, what hae ye iver hard her sayin?

LADIE Naething, sir, at I'll report efter her.

DOCTOR Ye may tell me; an, deed, it's best ye suid.

LADIE Nowther you nor nae ither buddie, sin I hivna nae witness tae corroborate my wurd o mouth.

Ben comes Gruoch, wi a spail.]
See, here she's comin! This is juist her vera guise – aye, an, bi-ma-saul, she's fast asleep! Watch her, haud close!

DOCTOR Hou cam she by yon licht?

LADIE 'T wis staundin aside her bed; she's ey gotten a licht aside her; yon's her will.

DOCTOR Ye see her een's apent.

LADIE Aye, but her sicht's steikit.

DOCTOR What's this o'd she's duin nou? See hou she's rubbin her haunds!

84

LADIE It's a common prattick she hes o washin her haunds, like; I've seen her gaun on wi'd for mebbie quarter an hour on end.

GRUOCH But here a spat!

DOCTOR Hark! She's speakin. I'll note doun what she says, the better tae sustein my remembrance o'd.

GRUOCH Out, dampnit spat! Out wi ye! Ane, twa: sae nou it's time for tae du'd. Hell's mirkie! Fy, my lord, fy! A sodger, an be feart? What needs we be feart wha kens, whan ther' nane can caa wir pouer til account? Yit wha'd iver 'a thocht the auld bodach wad huid sicna laid o blude in him?

DOCTOR Mark ye that?

GRUOCH The Thane o Fife had a wife: whaur's she nou? Haunds, haunds, will ye ne'er be clean avà? Eneuch o that, my lord, eneuch! Ye'll mar aathing wi your stairting.

DOCTOR Hoot-toot-toot! Y o u ' v e kent what ye suidna!

LADIE She's spokken what she suidna, shuir eneuch! But guid alane kens what she's kent.

GRUOCH Feech, here's the gou o the blude yet! Aa the maumie waffs o Arabie will no can sweeten thir sma haunds. Och, och, och!

DOCTOR   Na, whatten sechs! The hairt's sair frauchtit.

LADIE   I wadna hae nae siccan hairt in my breist tae sauf my
haill bouk.

DOCTOR   Weill, weill, weill!

LADIE   Lat's pray guid it may be sae, sir.

DOCTOR   This truible's by my practic. Yit some o thame I've
kent at walked i their sleep hes died Christian daiths in
their beds.

GRUOCH   Wash you your haunds, tak on your goun, try no
tae luke sae gash! Hou monie times mae needs I be
tellin ye? Banquho's lairt, he downa rise up outen his
graff.

DOCTOR   Wow, e'en sae?

GRUOCH   Awà tae your bed, man! Ther' knocking at the
port! Come, come, come, come, rax me your haund!
What's dune's no tae be undune. Bed, bed, bed!

                          [*But gaes Gruoch.*

DOCTOR   An will she juist gae back nou til her bed?

LADIE   Aye, direcklie.

DOCTOR   Foul whuspert clash is rife, unsonsie deeds
ey clecks unsonsie truibles; smitten minds
tae their deif cods will pour their saicrets out.
Mair nor the medcinar she needs the minister.
Lord God, forgie us aa! See efter her,
remuve the mean frae her o ilka skaith,
syne keep your een on her. Sae nou, guid nicht.
She's gien my mind chackmate an baised my sicht.
My thochts I daurna speak.

LADIE   Guid nicht, guid doctor.

                         [*But gae they baith.*

V. 2

Drum & cullours:
Ben comes Menteith, wi Caithness, Angus, Lennox,
& Sodgers.

MENTEITH The English host's near-by. It's led bi Malcolm,
his eem Yerl Síward, an the braw MacDuff.
They'r luntin tae tak mends: the wrangs they've dree'd
wad til blude-drawing an the flame o wrath
raise him at's twined o life.

ANGUS Near Birnam Wuid
we'll best meet in wi them: that gate they'r comin.

CAITHNESS Kens onie-ane gin Malcolm's brither's wi him?

LENNOX Atweill, he's no, sir. I've here a muster
o aa the gentrice, mang them Síward's son,
wi monie unscaurt yunkers at's e'enou
vowstin their erst o manheid.

MENTEITH Whaur's the Tirrand?

CAITHNESS He's at Dunsinnan, strenthenin the wark.
Some says he's gyte: ithers, wi less ill-will,
up-hauds it's dochtie teen: but weill-a-wat
he downa buckle his barbulyit cause
ithin the belt o rule.

ANGUS Nou maun he finnd
his hidlin murthers stickin til his haunds;
nou dailiday risings upcasts his trowth-brak;
thame he commaunds follas but throu obedience,
an no for liking: nou maun he finnd his kingship
hing loose on him, lik Gow MacMornie's plaid
on some bit shilpie thief.

MENTEITH Wha, than, sall wyte
his trauchelt nerves at they rebound an stairt,

whan aa there is o him condamps itsel
for bein there avà?

CAITHNESS On, nou, lat's mairch,
tae pey allegiance whaur it's richtlie awnd.
Lat's meet wi our sick commonweill's remeid;
wi him, tae scour our kintra, lat's pour out
our laist drap.

LENNOX Or as muckle as it needs
tae drouk the sovran fleur an droun the weeds.
Mak we wir mairch for Birnam!

[*But gae they aa, mairchin.*

V.3

Ben comes MacBeth, wi the Doctor & Servitors.

MACBETH Nae mair reports! What reck, an they flíe aa?
Or tae Dunsinnan Birnam Wuid sall flit,
I'll no can dull wi fear. What's Malcolm Big-Heid?
Wis he no born o wuman? Thame at kens
what weirds we'r aa tae dree hes spaed me this:
'Fear nocht, MacBeth: nae man o wuman born
sall e'er owrecome ye.' Flíe, than, flíe, fauss thanes,
cleik in wi thae poke-puddin Englishers!
The mind at airts me an the hairt I beir
will niver slack wi dout nor shak wi fear.

Ben comes a gey lang-nebbit, guse-craigit Servitor.]
The Foul Thíef damn ye black, ye milk-faced loun!
What's gíen ye yon guse luke?

SERVITOR Sir, ther' ten thousan

MACBETH Geese, limmer?

SERVITOR Sodgers, sir.

MACBETH Awà an prick your face, owre-reid your fear,
ye lillie-lívert cuif! What sodgers, dud?
Daith o your saul! Thae lint-white chafts o yours
advises fowk be feart. What sodgers, whey-face?

SERVITOR The English, sir, may'd pleise ye.

MACBETH Tak hyne your neb! [*But gaes the Servitor.*
Setoun! But I'm hairt-sair
whan I behaud – Setoun! Setoun! – This dunt
for ey will cheer me, or unset me nou.
I hae lived lang eneuch: my wey o life
hes fairlie taen the scam, the yalla leaf;
nor aa thae things at thrang suid tent auld age –
obedience, mense, hairt-liking, hosts o friens –
I maunna howp tae brouk, but in their room
bannings, no loud, but deep, lip-liking, tung-raik
the trauchelt hairt wad leur na-say, but daurna.
Setoun!

Ben comes Setoun.]

SETOUN What's your gracious will, sir?

MACBETH What wurd mair?

SETOUN Aa's been confirmed at ense had been reported.

MACBETH I'll fecht till frae my banes the lire's been hashed.
My airmour, Setoun!

SETOUN Ye've nae need o'd yet.

MACBETH I'll tak it on, tho.
Send out mae horse, scour aa the kintra round,
hang thame at speaks o fear. Gíe me my airmour.
An hou's your pâtient, doctor?

DOCTOR She's no síck, sir,
sae muckle's fashed wi constant fantaisies
at reives her o her sleep.

MACBETH Hail her o thame.

89

Can ye no mínister til a síck mind,
rug frae the memorie a ruitit sorra,
screinge out the truiblance prentit i the brain,
an wi some sweet remeid for sair remembrance
cleinge the stawed breist o aa th'unsonsie stuff
at wechts the hairt?
DOCTOR Na, thairintill the pâtient
maun mínister til himsel.
MACBETH Fling phísick tae the dugs! I'll no hae nane o'd.
Pit me my airmour on. Gíe me my staff. –
Setoun, send out! – Doftor, the thanes flíes frae me. –
Get on wi'd, man! – Gif, doftor, ye cuid cast
my kintra's watter, diagnose its ill,
an scour't til its oríginal guid health,
I'd ruise ye till the vera echa's sound
reboundit an ruised you agèn. – Aff wi'd, man! –
What rhubrab, †kailstock, or unspokken drog
wad scour thir Suddrons hyne? Ye've hard o thame?
DOCTOR Ou aye, your grace's weirlik outred gars
hear sunket o them.
MACBETH Fesh yon efter me. –
MacBeth will niver fear for daith or ill
till Birnam Wuid wins tae Dunsinnan Hill.
     [*But gaes MacBeth, wi Setoun & Servitors.*
DOCTOR Gin frae Dunsinnan Hill I micht win clear,
nae howp o winnings back wad wile me here.
        [*But gaes the Doftor.*

---

† *For* cynne *(edd.), read* cyme *(Ff.1-2; Muir).*

V.4

Drum & cullours:
Ben comes Malcolm, Siward, MacDuff, Young Siward, Menteith,
Angus, & Sodgers, mairchin.

MALCOLM Kizzens, I howp the days is comin near
our chaumers will be sauf.
MENTEITH Dout-it-na nane.
SIWARD What's that in front of us?
MENTEITH The Wuid o Birnam.
MALCOLM Lat ilka swaddie sned himsel a beuch
an haud it up afore him: sae we'll shadda
our host's nummers, an gar discurriors
mistak themsels in their reports o them.
SODGERS It will be dune, sir.
SIWARD We've heard reports only that the bold Tyrant
in Dunnsinane sits still, and will endure
our setting siege to it.
MALCOLM Thon's his chief howp,
for aawhaur ther's been better tae be made o'd
gentle an semple baith's rebelled against him,
an nane bides wi him but forced fencibles
the hairts o's missin, tae.
MACDUFF Lat's keep wir braith
tae cuil wir parritch wi, an eydentlie
practise the sodger's tredd.
SIWARD The time's approaching
that will, with due decision, let us know
what we may say we have, and what we owe.
Mere speculations cannot arbitrate
the outcome of the hopes they generate:
to'rds which, let war advance!   [*But gae they aa, mairchin.*

91

V.5

Dunsinnan, ben the Castle:
Ben comes MacBeth, Setoun, & Sodgers, wi pipes & banners.

MACBETH Display wir banners atowre the fore-waa,
for ey it's cried they come. Our castel's strenth
can scorn a síege: here lat them ligg, till faimin
an the trimmlin-fivver conshumes them quite.
War-they-na 'crued wi thame suid be wi hiz,
we micht bauldlie hae met them baird tae baird
an batchelt them back hame.   [*Coronach.*]
What stíven's yon?
SETOUN I dout it's weimen skreichin, sir.   [*But gaes Setoun.*
MACBETH I hae nearhaund forgotten the tang o dreid.
The time hes been, 't wad stairve my senses cauld
til hear nicht-skirling, an my hide o hair
wad at an ourie reading rise an stír,
as gin 't wis live. I hae supped fou o horrors:
fellness, nae strainger til my slauchtrous thochts,
can fley me nane.
Ben comes Setoun.]
What w i s yon yowling for?
SETOUN The Queen, my lord, she's deid.
MACBETH Puir bitch. Gin she'd but díed some ither while,
ther' wad been time eneuch for sicna wurd.
The morra an the morra an the morra
creeps in wi huilie pass frae day tae day
till the laist tick, tack, o clockit time,
an aa wir days bygane hes lichtent fuils
their road til stourie daith. Whuff, cannle-dowp!
Life's nocht but a scug gangin, a bauch actor
at strunts an fykes his ae hour on the stage,

syne downa be hard mair – nocht but a tale
tauld bi an ídjot, gey loud-soundin, teenfu,
signifiein naething.
Ben comes a Sodger, pechin.]   Aye, but ye've come
tae caa your tung, na? Weill, your storie, swith!
SODGER Your híeness' grace be pleised: I suid report
what unco sicht I warrand ye I spied,
but ken-na hou tae tell ye'd.
MACBETH Speak, man, speak!
SODGER Keepin my watch, I wis, on the Black Hill,
lukin owreby tae Birnam, whan I seen
the Wuid begin tae muve.
MACBETH Ye'r líein, flunkie!
SODGER Lang may I thole your wrath, an't binna sae:
inwith thae three mile ye'll can see'd yoursel –
I'm tell'n ye, shaws muvin!
MACBETH Speak ye fauss,
heich on the neist tree I'll gar hang ye lívin
till fair ye'r clung wi hunger: speak ye suith,
I carena tho ye gar me dree the like.
        [*MacBeth lukes out owre the barmekin.*]
W'aback, determinâtion! I begin
tae dout the De'il's leid's no tae lippen til,
at líes lik truith. 'Dreid nocht, or Birnam Wuid
flit tae Dunsinnan'! Yit Dunsinnanwart
it's flittin nou. – Graith ye, than, graith, tharout!
Gif what this chíel uphauds sall fack compear,
we'll hae nor flíeing hyne nor taigling here.
I'm gey an wearie growin o the sun,
an wiss the warld's wrang sett wis ense ondune.
Jow, jow the warnin-bell! Blaw, winds! Come, wrack!
Leistweys we'll díe wi harnish on wir back!
                        [*But gae they aa.*

93

V. 6

Pipes & banners:
Ben comes Malcolm, Siward, MacDuff, & their Host,
wi green beuchs o trees cairriein.

MALCOLM We'r near eneuch. Cast doun your camouflage
　　an kythe the men ye ar. You, wurthie eem,
　　will, wi my kizzen your richt nobil son,
　　commaund our vangaird. We, wi braw MacDuff,
　　sall tak on haund whativer else we needs,
　　conform til our ain orders.
SIWARD Fare you well.
　　Should we but find the Tyrant's power tonight,
　　let's all be beaten if we cannot fight.
MACDUFF Blaw up your pipes, than, teuchtars, gíe them braith,
　　thae loud-tungt fore-rinners o blude an daith!
　　　　　　　　　　　　　　　　[*But gae they aa.*

Warnings:
Ben comes MacBeth.

MACBETH They've ticht me til a stob: I downa flíe,
　　but lik a beir maun fecht the course. What's he
　　at wisna born o wuman? Sicna man
　　am I tae fear, or nane avà.
Ben comes Yung Síward.]
YUNG SIWARD And what's your name?
MACBETH Ane ye'll be fley'd tae hear.
YUNG SIWARD No, though you call yourself a hotter name
　　than any that's in Hell.
MACBETH My name's MacBeth.

YUNG SIWARD The Devil himself could not pronounce a title
  more hateful to my ear.
MACBETH Na, nor mair fearsome.
YUNG SIWARD You lie, detested tyrant! With my sword
  I'll prove it false.
    [*They fecht, an MacBeth slays Yung Siward.*]
MACBETH That's ane wis born o wuman!
  But swuirds I smile at, wappons lauch tae scorn,
  at's waged bi onie man o wuman born!
                    [*But gaes MacBeth.*

Warnings:
Ben comes MacDuff.

MACDUFF Yonder's the dirdum. Tirrand, shaw your face.
  Gin you've been slain but onie straik o mines,
  my wife's an childer's ghaists will haunt me yet.
  I canna strik puir reidshanks at their airms
  is fee'd tae beir their rungs. Owther, MacBeth,
  I'll be your priest, or else wi edge unlipped
  I'll sheathe my swuird. Yonder's whaur ye maun be:
  bi yon gryte clatter ane o heichest gree
  seems cracked about. Furth, Fortune, fin' me him!
  Yon's aa I crave.
                    [*But gaes MacDuff.*

Warning:
Ben comes Malcolm & Siward.

SIWARD This way, my lord. The castle has surrendered;
  the Tyrant's men are fighting on both sides;
  the thanes are doing bravely in the war;

the day professes it will soon be yours,
and little's left to do.
MALCOLM We've met wi faes
at fechts aside us.
SIWARD Enter, sir, the castle. [*But gae they baith.*

Warnings:
Ben comes MacBeth.

MACBETH What needs me pley the Roman stot, an díe
on my ain swuird? Whiles I see lives, the gaws
sets better thame nor me.
Ben comes MacDuff.]
MACDUFF Turn, Hell-tyke, turn!
MACBETH O aa men ither I've avoidit you:
but staund aback, man, for wi blude o yours
my saul's else chairged owre fou.
MACDUFF Nae wurds hae I:
my voice is in my swuird, ye bangster bluidier
nor tung cuid e'er descrive!
[*They fecht wi ither. Warning.*]
MACBETH Ye'r weystin wind.
As eithlie micht ye wi your bricht swuird scart
the air ontrenchable as mak me bleed.
Lat its blad licht on heids at may be hurt:
I beir a trystit life at maunna yíeld
til ane o wuman born.
MACDUFF Misdout your tryst,
an lat the wirricow at ey ye've saired
tell ye at frae his mither's wyme MacDuff
untimeouslie wis shorn.
MACBETH My curse upò the tung at tells me sae,
for it's defait my manheid's nobler pairt!

96

Nae mair, than, be thir jouglin deils belíeved
at niffers wi us in a twafauld leid,
an til wir lugs their hechtit promise keeps,
but braks it til wir howps.
I winna fecht wi you.
MACDUFF Than yíeld, ye couart,
líve tae become the time's gryte sicht an shaw:
we'll gar ye kythe, lik our mair speeshal monstours,
heich on a pentit brod at's unnerwritten,
'Here see the Tirrand.'
MACBETH Niver will I bou doun
tae kiss the grund at Malcolm Big-Heid's feet,
or tae be geckit wi the rangle's curse.
Tho til Dunsinnan Birnam Wuid is come,
an you forenent me at nae wuman bure,
yit will I pree what's laist. Afore my bodie
I set my weirlik targe. Licht on, MacDuff,
an foul faa him at first cries, 'Ho, eneuch!'

[But gae they, fechtin.

Warnings:
Ben come they back, fechtin.
MacBeth is slain.

[But gaes MacDuff.

Salute: Pipes, drums, & banners:
Ben comes Malcolm, Síward, Ross, Thanes, & Sodgers.

MALCOLM I wiss the friends we miss wis sauf come in.
SIWARD Some must go off. And yet, by these we see
such great success as this was cheaply bought.
MALCOLM MacDuff's ey missin, an your nobil son.

ROSS Your son, my lord, hes peyed a sodger's debt:
he líved but till he wis juist grown man-muckle,
the whilk his wurship had nae suner pruved
in stubborn battle whaur he sturelie faucht,
but like a man he díed.

SIWARD Then he is dead?

ROSS Aye, an hes been brocht aff the field. Your sorra
maunna be meisurt til his wirth, for than
't wad hae nae end.

SIWARD Had he his wounds in front?

ROSS Aye, aa afore.

SIWARD Then let him be God's soldier.
Had I as many sons as I've got hairs,
I could not wish for them a better death.
So now his knell's been tolled.

MALCOLM He's wurth mair sorra,
an that I'll ware on him.

SIWARD He's worth no more:
they say he parted well, and paid his score.
So God be with'im. – Here comes better comfort.

Ben comes MacDuff, wi MacBeth's heid.]

MACDUFF Fair faa ye, King o Scots, for sae ye ar!
Here staunds the Tirrand's heid. The nâtion's free.
I see ye circlit wi your kingdom's pairling,
at speaks intil themsels my salutâtion,
at I desire tae hear their voices speak
loud out wi mines: Fair faa ye, King o Scots!

AA Fair faa ye, Malcolm Canmore, King o Scots!
[*Salute.*]

MALCOLM We'll no mak muckle outlay o wir time
afore we cast accompts wi ilka man o ye,
an pey him aa we'r due. My thanes an kinsmen,
hyne-frae be beltit yerls, the first at Scotland

e'er wi sic honour styled. What's mair adu,
at maun be plantit newlins wi the time –
lik feshin hame wir bannist friends abreid,
at fled the girns o waukrif tirranie,
an speirin out the fellon ministers
o this deid boutcher an his fiendlie wife –
at, sae it's thocht, wi her ain wraikfu haunds
reft her ain life – thir, an what needment else
may caa upon us yet, bi grace o Grace
we sall perform in meisur, time, an place.
Sae nou I thank ye aa at's helped me win the croun,
an bid ye come an set me on the Stane o Scoun.
       [*Salute. But gae they aa.*

Hecate

III. 5

Thunner:
Ben comes three Kimmers, meetin in wi the Queen o Elfhame.

FIRST KIMMER Ha nou, gryte Queen o Elfhame!
  Ye seem ill-pleised.
QUEEN No but guid raison, kimmers, seein ye ar
  sae bauld an malapert. Hou did ye daur
    hae troke an traffick wi MacBeth
    in guesses an affeirs o daith,
    whiles I, the maistris o your chairms,
    the saicret makar o aa hairms,
    wis niver caa'd tae tak my pairt
    an kythe the glamour o wir airt?
    An, mairatowre, aathing ye've dune,
    ye've dune but for a wilyart son,
    at teenfullie, as ithers dis,
    wirks for his ain fore, no for hiz.
    But mak me mends nou: traivel on,
    an at the Pot o Acheron
    keep tryst the morn: for thairtil he
    will come tae lairn his destinie.
    Your veshels an your spells supply,
    your chairms an aa we'll need forby.
    I'll ride the air: this nicht I'll spend
  upon an ourie an unhairtsome end.
    Gryte things maun be performed or noon
    intil the cunyie o the mune,
    whaur hings a hairie drap profound
    I'll kep or e'er it comes tae ground;

an syne distellt wi unco slichts
't will raise sic orra spírit lichts
as bi the pouer o their illusion
will tice him on til his confusion.
He'll spurn his weird, scorn daith, an beir
howps abune wisdom, grace, an fear.
For, as ye ken, securitie
is mortal fowk's chief inimie.

[*Maisic, & a sang:*
Alane in langour as I lay
unnerneth a seemlie tree,
saw I whaur a ladie gay
cam ridin owre a lang lee.

But I speak wi that ladie bricht,
I howp my hairt will brist in three:
nou will I gang wi aa my micht
her for tae meet at Eildon Tree.]

QUEEN Hark, hark, I'm caa'd; an my wee spírit, see,
sits in a mistie cloud, whaur she bides me.

[*Sang, ben:*
If thou will spell or stories tell,
True Tammas, thou sall niver líe:
whaure'er thou fare bi frith or fell
I prig ye speak nane ill o me.]

KIMMER Belyve, belyve: she'll sune be back agèn!
[*But gae they aa.*

IV. 1

(A) ll.39-43

Ben comes the Queen o Elfhame, wi aa three Kimmers.

QUEEN Weill dune, weill dune! I ruise your pains,
ilkane o ye will skare the gains.
An nou, about the caudron sing,
lik guid-fowk dancin in a ring,
inchantin aathing ye pit in.

[*Maisic & a sang:*
Ther' some says the Deil's deid an buirit in Kirkcaddie:
but some says he'll rise agèn an fricht the wee laddie.]

[*But gaes the Queen o Elfhame, wi aa three Kimmers.*

(B) ll.124-31

FIRST KIMMER Ay, sir, aa this is sae. But, than,
what gars MacBeth sae donnert staun'?
Come, cheer him, kimmers, lat him knaw
the best delytes at we can shaw:
I'll chairm the air tae gie's a soun
while you your elfin reel dance roun,
at this gryte king may kindly say
our service did his walcome pey.

Spelling & Pronunciation

The method of spelling Scots which I have employed in this translation is fully explained in *The New Testament in Scots* (1983), tr. W. L. Lorimer, Appendix IV. Only two points of detail need here be specially mentioned. These are, briefly:

(1) that in Sc. *mínister*, *díe*, and all other Sc. words in which they occur, *í*, *íe*, should be pronounced like *ee* in Sc. or Eng. *sheep*; and

(2) that in Sc. *du*, *adu*, *mune*, *buit*, etc., the vowels represented by *u*, *u.e*, *ui*, range between *u* in Fr. *lune* and *eu* in Fr. *peur*, or between *ü* in Ger. *über* and *ö* in Ger. *schön*.

Those who require an authoritative and up-to-date account of modern Scots spelling and pronunciation should consult the *Concise Scots Dictionary* (1985), pp.xx-xxviii, *et passim*.

R.L.C.L.